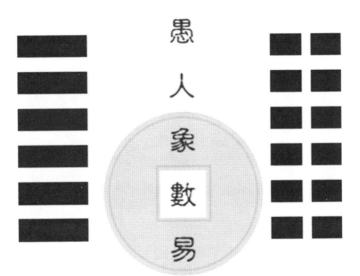

愚人象數易

百箭飛來不動容

雨箭咫尺分兩蹤

箭後衣衫還整潔

昂首漫步笑談中

序一

　　還記得第一天上堂，作為新同學的我，呆坐一角默然無聲，腦海浮現早前不愉快的學卦經歷。內心糾結之際，心想不知今次能否堅持下去？

　　沒想到在愚人老師的細心教導下，我在他的教室渡過了五個寒暑，仍然樂此不疲，上愚人老師的卦堂，竟然成為了我每星期最期待發生的事。

　　六爻博大精深，卦象絕不易解，經過一番努力，我已掌握了開卦及解卦的竅門，過程中也領略到不少人生道理。人生是否冥冥中總有注定、卦爻的元素如何聯繫？彼此如何牽動？透過學習六爻結構，日辰月建及卦身等組合，我發現，卦象不是單純的含意，拼湊出林林總總的人生故事，才是最有意思的地方。

　　人類力量卑微，無法操縱事情的發生，學卦對我來說，並非迷信，而是從不同角度，宏觀地去看世事的發生及轉變。借用六爻來尋找問題所在，就像發現地上的一點點餅碎，然後沿著餅碎走向糖果屋一樣。六爻互動可聚焦一點，也可反映大局，了解人生起落，明白事情吉凶。卦象細說殘酷的現實，還是擁抱幸福的未來？這並不重要，

因為問卦者的心態才是關鍵。

　　愚人老師的新書看似輕描淡寫，但對易卜愛好者來說，卻是一本彌補學卦缺失的那一塊拼圖，相信此書會為你們解答不少六爻疑難，並對神秘又有趣的六爻組合，有更加深入的了解。

學生
Eunice Tsang
癸卯年 仲夏

序二

　　恭喜新書《六爻拾零》面世！愚人老師多年撰寫了滿滿的易卦書籍，又多添一名成員，真是易友們之福！

　　自京房創立至今，象數易占卜不僅經歷千秋萬代，更在玄學界扮演著一個重要的角色，地位神聖超然。誰會想到，從昔日的農耕社會，到今天的 AI 智能年代，六爻應用，仍然在不斷發展和進步。科技的確改變了世界，然而，卜者向冷冰冰鍵盤問事，得到人工智能標準答案。這樣沒意思的占卜結果，浪費前人對易卦的醉心研究成果，不尊重前人，也不尊重象數六爻的歷史價值。

　　學生追隨愚人老師學習，接觸易卜越多，理解越是深厚，越覺六爻強大。卦爻不用靠AI，還是自己動手開，再裝飛神，定六親，配六獸，尋世應，看卦身，追爻動，審日月等，都不過是兩三分鐘。雖然比 AI 的兩三秒慢十倍，但那種溫度、深度和力度，是電腦永遠沒法比擬。相對其他術數，易卜步驟少、操作容易，只需三顆銅錢，搖六次，就可以從爻辰配搭中，取得無窮訊息，娓娓道出事情的狀況、發展及結果。

　　六爻卦象展現的細節，非常豐富，學卦多年，學生仍

然未及愚人老師一半的功力，遇上複雜結構，有時亦感力不從心，需要找愚人老師幫忙提點。無論課內課外，老師從不拒絕，細心分析六爻結構，強調易卜運用，不可死守前人法規，須與時並進，才可以突破迷思，更新六爻意象。

愚人老師寫書，從不假手於人，一字一句，都是他的知識和心得。從新書的內容，我看到老師如何費盡心思，把象數易神融入我們的生活中，讓學生和同好們，可以多思考、多運用，共同推動易卜的發展，令這門遠古之術，繼續發揚光大，世代相傳。

希望易友諸君，透過認識這本書的內容，與我們一同參與研究，展示象數六爻的博大精深，助人自助，共勉之！

學生
王逸明
癸卯年 孟春

## 自序

自 2019 年開始，香港受到疫情、經濟、政治等因素打擊，各行各業，萎靡不振，而出版行業，更不用多提！幸好，《拆解六爻》出版後，得到讀者支持，銷售較預期理想。筆者寫書，文字淺白，後學讀來容易，易於掌握重點，有助他們進入象數六爻的領域。

午夜望月，月遠而缺，有感人生無常！回首無言，眼落書櫃，抽出首本出版書籍《象數易入門與推斷技巧》，剎那間，莫名的孤寂感，湧上心頭。筆者一生，貴人在側，首本著作，得李君協助，才能完成，數年過後，她不幸離世！沒有她的幫助，這套象數易叢書，未必可順利出版，在易卜發展的旅途中，李君功不可沒。

失了好友，社會不安，疫情嚴重，困在斗室，倍感鬱悶，拿著初版著作，心內刺痛，久久不去。人生匆匆，轉眼數十年，回望前半生，起落無常；預期下半生，亦未見康莊。人們不停地走着走着，到底為了什麼？誰可猜得通透！有人為了生存、有人為了金錢，亦有人為了後代。人人目的不同，答案自然有別。

　　夜深月退，獨坐窗前，俯首沉思，不禁反問自己？人類踏足這片土地，究竟所為何事？而筆者來到這世界，又是充當哪個角色？一連串問號，不斷在腦海中盤旋。此刻，左手托腮，右手持筆，思維處於無意識狀態，筆在紙上游走，畫出雜亂圖案，而心中疑問，還未解開。世人渺小，不能自主，想活下來，還是要勇敢面對種種困難。

　　愚人無力逆蒼天，只求隨心任我行！

　　筆者個性倔強，做事隨心而行。出版象數易是筆者心願，定必傾力完成，並將這套叢書，獻給摯友李君。

愚人
壬寅年冬

前言

　　上一本著作《拆解六爻》，內容涉及易卜盲點，這些盲點，常把習卜者們，困於局內，無從突破。因此，筆者編寫此書時，從基礎中去分析六爻，從概念中去演繹卦象，只要讀者放開成見，細讀內容，定可弄清六爻原則，對日後判卦，會有一定的幫助。

　　六爻運用，謬誤甚多，初學者不明所以，信以為真，只顧死記訣法，信以為真，用來判卦，往往弄致焦頭爛額，或成為學習障礙。學卦不難，但要學得全面，學得深入，就不是一件容易的事了！

　　假使習卜者們，學卦不求甚解，只懂硬背古訣，又怎可到達六爻核心呢？若然如此，判卦不但容易失焦，更容易跌入自以為是的思維模式，以錯當真，無法自拔，迷失其中。有見及此，新書《六爻拾零》，採用冷門課題，分析用卦見解，比較判卦方式，再作出仔細分析。本人這樣做，目的十分簡單，是希望帶給讀者新思維、新角度，甚至擴闊讀者的解卦技巧。

　　此刻，筆者忙於整理資料，歸納分類，輯錄成書，為象數易叢書，再添一名新成員。

鳴謝：

黃俊瑜

甘佩琪

曾詩荔

王逸明

陸正均

# 目錄

序一 .................................................................2

序二 .................................................................4

自序 .................................................................6

前言 .................................................................8

第一章　人卦互通 ........................................12

　【一】人心與卦意 ..................................13

　【二】學卦之難 ......................................18

　【三】學卦的障礙 ..................................24

　【四】卦象的神韻 ..................................27

　【五】生活中的舒緩劑 ..........................31

　【六】用卦、談卦 ..................................33

　【七】戀愛的藝術 ..................................35

第二章　六爻生命 ........................................40

　【八】卦即陰陽 ......................................41

　【九】六爻生命力 ..................................45

　【十】活化「二爻」 ..............................49

　【十一】判卦要有代入感 ......................54

　【十二】暗角之神 ..................................60

第三章　卦象層次 ........................................64

　【十三】斷卦按層次 ..............................65

　【十四】六爻旁通 ..................................68

　【十五】本卦化爻成一體 ......................72

　【十六】一卦多解 ..................................78

　【十七】世位不同，權欲有異 ..............82

　【十八】判卦須從世應起 ......................85

【十九】易卜與投機 ....................................................................89

【二十】易卦與風水 ....................................................................92

【二十一】易卦與靈異 ..............................................................100

【二十二】股市預測，六親運用 ..............................................103

## 第四章　古訣會意 ............................................................**108**

【二十三】「日帶進神，打馬入朝廷」 ....................................109

【二十四】諸爻持世訣 ..............................................................118

【二十五】貴人歌訣 ..................................................................124

【二十六】祿馬羊刃 ..................................................................134

【二十七】「妖孽賦」 ..............................................................149

## 第五章　閒談零碎 ............................................................**172**

【二十八】卦的局限 ..................................................................173

【二十九】卜卦工具 ..................................................................176

【三十】判卦準則 ......................................................................179

【三十一】以卦啟蒙 ..................................................................185

【三十二】占卦守則 ..................................................................187

【三十三】學卦者多，解卦者少 ..............................................189

【三十四】術數之異同 ..............................................................193

【三十五】談習者占卜 ..............................................................197

【三十六】談電腦開卦 ..............................................................203

【三十七】占家宅 ......................................................................207

【三十八】易卜擇樓 ..................................................................211

【三十九】術數談 ......................................................................214

【四十】土王用事 ......................................................................217

【四十一】用神發動 ..................................................................220

## 象數易課程 ........................................................................**227**

第一章　人卦互通

# 【一】人心與卦意

人心難測，卦意難料！

這句話，對精於易卜的朋友來說，有講不出的千言萬語！人與卦心，脈絡暗連，兩者互通，對六爻寄意，莫不手到拿來。

二十多年來，筆者替人卜卦，體會甚深。問卜的原意，是希望趨吉避凶，或延續好運，或扭轉運勢。簡單來說，既然開了卦，問了卜，就應該順應卦意，切勿逆天而行。

所謂知變而識變，才是用卦的真諦！

明陰陽之道，知靜動之機，物雖有菱角，也能理順。問卜者在順境中努力求進，才可更上層樓；問卜者在困境中忍耐自強，才能保持運勢，結局不會差到哪裡！

占卜前，誰會知道卦象是好是壞？

得卦後，卜者根據課題，定世應，取用神，看動靜，尋卦身，很快很快，便可從六爻的結構組合中找到答案。

多年下來，筆者為人占卜，發現一個怪現象！問事人不願接受卦象顯示的結果。尋找原因，不是卦象不準，而是所得答案，跟他們心底意向，背道而馳，剎那間，他們陷入慌張驚訝，不知所措的境地！

　　還記得 2007 年年初，友人 M 君，經過多年努力，儲蓄首期，打算在某大私人屋苑置業。據說，她跟樓盤經紀相熟，可以提供內部認購，享盡優惠，只須預繳十萬訂金，便可成事。

面對眼前機會，誰不動心？不過，她徹夜難眠，忐忑不安，在猶疑之際，前來問卜，希望從六爻之中，得到指引，解開心中疑惑。

許多時候，所得卦象，不是問事人所想！還記得這支卦象，世應兩位，兄官相對，可以肯定，卦象顯示，不宜購買。

聽罷解釋，友人面色一沉，並喃喃自語：「沒道理，經紀明明對我說，現在樓價大約五千元一呎，這屋苑開售，呎價可升至六千元，這樣可觀的回報，為何不值得投資呢？」此刻，筆者才徹底明白，她的來意及取向！她來問卦，只是形式，在其心裡，早有決定。

看到她的異常反應，筆者便跟她說，置業與否，是你個人決定，旁人沒法阻止，不過，若然投資損失，後果自負，與人無關。其後，私人屋苑開售，發展商傾力促銷，奈何銷售卻強差人意！聞說，此屋苑設計，單位實用率偏低，因而令不少投資者卻步！

　　一年過後，再跟 M 君飯敘，在席間談及此事。她說回到家後，思前想後，徹夜無眠，最終想通了。世間哪有咁大隻蛤姆隨街跳？便打消了置業念頭。她更說，若當日落訂購買，到收樓做按揭時，以當日樓價，她損失超過十萬港圓。

　　古人占卜，是想知所進退；今人問卦，是希望得到認同。人的欲望和執念，實在很難理解！

　　最常見的疑惑，就是卦爻訊息與當事人期待，南轅北轍，並不符合，而克應日期，迫在眉睫，在此情況之下，人的欲望與卦象預測，便出現極度矛盾，問事人刻下的決定，是進還是退，就要視乎他們自己的欲望與想法。

佛家說:「一念天堂一念地獄」,其意正是「吉凶由心轉,禍福隨孽生」的大道理!

## 【二】學卦之難

*學卦之難，難在零掌握。*

易卜結構簡單，一般人都覺得，學卦容易，掌握不難。誰會料到，手執六爻，卻無從入手，何解？皆因根基不好，五行未明是也。

若習卜者由零開始，對六爻意象，會失去依據，無法捕捉爻辰寄意，又怎可分析事情始末及其變化呢？他們對着千變萬化的六爻結構，與深淺莫名的卦象示意，必然眼花撩亂，進退失據。

八字或紫微斗數，具有既定的程式，用來推敲人事及結果；易卜運用，截然不同，既沒有固定法則，也沒有必然結局，一切克應，皆視乎種種的因素配合。

　　影響易卜克應的因素：

- 占卜課題
- 時空力量
- 用神得失
- 爻辰發動

　　想學好易卜，上述四種因素，要掌控得好，才可判斷準確。

　　*占卜是成卦的第一步。*

　　搖卦時，卜者要集中精神，才能取得清晰卦象。初學者或許信心不足，只要多加練習，定可得心應手。

　　*卦裝好了，進入判卦階段。*

　　這是大多數習卜者的死穴。無論你學卦三天、三年，

還是三十年，對着卦象，看着六爻，不明就是不明。不信，大家看看網上平台的例子，或占卜書內的卦例，卜者判卦，不是一句起兩句止，便是作大包圍，他們爻爻去講，位位去解，說得似是而非，坦白講，此類解說，並非判卦，而是靠撞。

　　正確的六爻運作，是從世、應兩位開始；接着，加入動爻和卦身，你便會發覺，其實四點互通，爻爻相扣；再加推理，一輯移動圖象便浮現出來，尤如看著電影，每件事情之起因、過程、結果，都會逐步展開，呈現眼前。

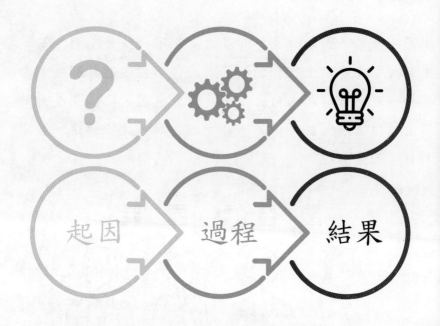

起因　　過程　　結果

*如何拆解卦爻多變之謎？*

爻辰變化，對鍾情易卜者來說，永遠是一個解不開的疑團。筆者由始至終，一再強調，學卦沒有捷徑，必須從基本功夫學起，假使卜者對飛神五行弄不清，對五行生剋摸不透，又怎能正確地運用六爻斷事呢？

熟悉五行運用後，初學者也別太急進，千萬不要卦卦揣摩，爻爻思索，這樣會將範圍拉得太遠，反而失去焦點，偏離原意，推斷又怎會準確？

我們判卦，要有重心、要有次序，還要有節奏，最簡單的方法，也是最有效的方法，就是從世應開始，與卦爻融合，人卦合一，逐步展開分析和推斷。


*世應兩爻，其實是斷事主幹。*

世是問事人，應是事情吉凶；人與事的關係，互相糾纏、互相反射，卜者可從世應中，去摸索兩者性質的好壞變化。


*看性質變化，需從六親入手。*

六親的角色轉換，會造成種種的吉凶克應。克應反映結局，而當中細節，應怎樣推敲？習卜者不妨仔細想想。筆者提出的『推斷五大綱領』，是用來引領初學者們，踏進卦內，進行分析。能否從爻辰中推敲細節或明白進退？就要靠自己的努力和修為了。

世上沒有不勞而獲這回事。習卜者不可奢求學卦一年半載，便可成為「卦中仙」或「爻中聖」，行走江湖，賺個盤滿砵滿。這種想法，不是有點兒妙想天開嗎？

　　凡學術數，要明因果業報，也要知孽債相隨。若然易卜未通，胡亂替人占算，賺取報酬，哪與江湖術士何異？

## 【三】學卦的障礙

學卦障礙多，這倒是事實。試問世間事物，有哪一樣是不經努力而隨手可得？不論事業、感情、金錢或其他，必先付出，才有收成。 從陰陽角度，人的付出，可分虛實。虛屬心靈，實為體力。如何畫分？須視乎事件的本身特性而定。

學卦者的最大障礙，不在於卦爻的鋪排複雜，而在於卜者的心理質素。若卜者心緒不靈，虛而不實，缺乏信心，又如何掌握六爻意象？他們能否衝破心中藩籬？他們能否突破六爻範疇？一切一切，要看卜者自己的修為了。筆者相信，只要堅持，定可衝破障礙。

不知各位有沒有察覺。初學易卜，所占卦例，顯淺易明，重點皆落在世、應、卦身或用神之上，只要卜者用心推敲，便可找到準確答案。

舉例來說，占事業，用神官爻酉金持世，被日辰午火剋破，事業必出問題；占生意，世、應、用神組成「丑戌未」瓦解三刑局，可判生意失敗。

初學者斷事精準，自覺得天獨厚，學卦數天，已窮六爻之秘，而天下之事，反掌可知。他們認為，易卜易學，毫無難度，因而陶醉在自我的空間裡。

　　卜者自感一卦在手，能奪天地所有，他們行走江湖，穿梭親友之間，總喜歡露兩手，炫燿一下自己。不過，在陌生場地陌生人前，開卦占卜，心情難免緊張起來，此刻人與卦心，跌進不同管道，無法溝通，更糟糕的是，用神不在世、應、卦身等用事位，同時又見爻辰發動，既不知如何取捨，也不知如何配合？對占問之事，全無頭緒，頃刻之間，呆立當場，窘態畢現。自始，他們必然對易卜產生疑問，也對判卦失去信心！

　　所謂：「學三天，天下無敵；學三年，寸步難行。」如何令他們重拾信心，除去心中障礙？是一個極大的難題。筆者認為，卜者應自我檢討，戒驕戒傲，接受失敗，屢敗屢戰，才能體會到卦心所在。只要明卦心，懂卦意，雖卦出多變，也離不開其五指之內。

要知易卦無有不驗。只是人的執念太強，才令習卜者障礙叢生，墮入自設的困局，無法進入易卜的無我境地！

　　佛家所說的「無我無相」，是指一種虛無境地，不過，首先要「無執」。因為有執便有我，有我便有相，有我有相，又返回「我執」的位置。這種個人執念，便容不下其他，自然無法解開卦心意向，又怎能解讀卦象而進行判斷呢？

　　假使習卜者能放下執念，所有障礙，自然消失。

## 【四】卦象的神韻

「三爻成一卦，兩卦成一象」，這是一支卦象產生的過程。當我們手握卦筒，上下搖動，信息透過三個錢幣，得出「單拆重交」的組合，反映事情的動靜狀態。每次搖卦，倒出錢幣，爻辰一個加一個，到了第三個，便成下卦；重覆動作，再得三爻，便成上卦。動作看似簡單，其實當中過程，是將資料和信息，層層疊起，只要卜者細心觀察，便可體會到每個卦象的構成，有其獨特的意義。

相信此刻還有不少讀者，不明白筆者所說。首先，筆者建議大家，把世應兩個位置，區分作用。

定世為「當事人」；

立應為「所問之事」。

位置既分，便可進一步探討世應的關係。

世處上卦，當事人對自己的能力，充滿信心，而且其心態上，認為自己可以駕馭一切，主宰占問事情的去向。

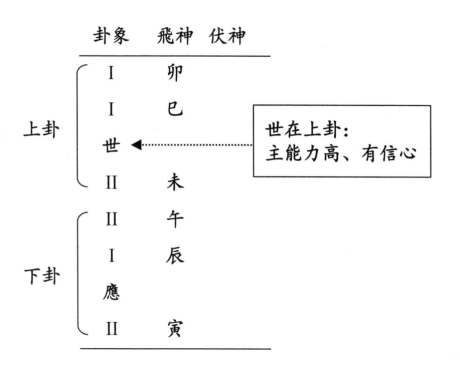

　　反之，世在下卦，信心不足，是能力低的反映。

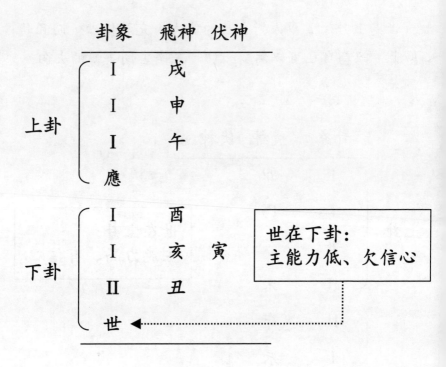

|  | 卦象 | 飛神 | 伏神 |
|---|---|---|---|
| 上卦 | I | 戌 | |
| | I I | 申 | |
| | I | 午 | |
| | 應 | | |
| 下卦 | I | 酉 | |
| | I | 亥 | 寅 |
| | II | 丑 | |
| | 世 | | |

世在下卦：
主能力低、欠信心

　　從世應位置，已清楚地反映出陰陽概念。陽在高位（上卦），陰在低位（下卦）。再進一步推敲，世在上卦，是權力與信心；世在下卦，是自卑與膽怯。

　　在這階段，世爻在卦象中展現的神韻，是當事人對事情的信心高低，或對問題的處理能力。這種神韻，亦會隨著飛神、六親和六獸加入，產生不同反射，因此，世爻的

形態與神韻，就會變得多樣和變得複雜。

及至爻辰發動，再來一次翻天覆地的轉動。最後，只有藉著月建和日辰的力量，來作判斷。

究竟結局會是如何？卦象透出歡欣的風采還是反映落幕的神態。若有懷疑，習卜要身體力行，多用卦多練習，經過一段日子，便能體會到卦象中的種種神韻。當卜者能與六爻交流，與卦象起共鳴，此刻，所有難題已不是難題了。

卦象萬變不離其宗，只要認真地去學習、去分析、去推敲，習卜者一定能心領神會，享受六爻帶來的無窮樂趣。

【五】生活中的舒緩劑

　　現代人生活緊張，壓力沉重，常常處於崩緊狀態。無論意識與行為，都表現奇怪，不明所以。有些人無故哭笑，舉止異常；有些人眼神空洞，虛而不實，好像陷入無意識中，令人產生憂慮與恐懼。

　　筆者在地鐵車箱內，曾看見身傍的男子，對著球形扶手，陶醉地跟它說話，也曾在官塘舊區，看到一名中年婦人，指著前面的電梯，喃喃自語，有時更提高嗓子，大聲叫喊，警員巡經，看她一眼，一笑置之，便繼續他們的巡邏工作。

　　舒緩壓力的方法很多，如賭博、飲酒、聚會、傾談、運動、參加興趣班等等，可收一時效果，無奈的是，各種

方法，受到時間限制。大家斷不可在工作時間內做運動、飲酒、唱歌，更不可賭博。當人們的壓力不斷上升而沒有得到宣洩，他們的情緒，便容易失控，甚至突然爆發，做出一些令人沒法理解的行為。

在困頓時刻，懂易卜的朋友有著數，可偷空找來數分鐘空檔，開卦自娛。他們既可問問天氣，也可問問股市，更可問問姻緣，藉此娛樂，轉移視線，緩和緊張情緒。人放鬆了，壓力減少，便可重新充電，不要看輕這種轉變，有時關乎人命。有人因看不開而輕生或自殘，往往只是剎那間的情緒變化。

很多人認為學卦難，其實不然，只要習卜者明白推斷步驟，了解五行生尅，對卦象訊息，自然手到拿來。卜卦用具簡單，起卦容易，不論何時何地，都可以隨手占卜。卜卦既可娛己，也可娛人，更可助人解困。因此，當人的情緒得到舒緩，思想便朝向正面，創意得以發揮，大大提高個人的能力和生產力。

易卦這門術數，說深不深，說淺不淺，可自我娛樂，他可成為生活中的『舒緩劑』，舒解鬱結，穩定情緒，問題是你們願不願去學習，懂不懂去運用而已。

## 【六】用卦、談卦

不時遇上易卜朋友，他們都異口同聲，問著筆者同一問題。為甚麼本人所學的卦與坊間所用的不同？特別在變卦和後六親方面，對卦象的演繹，跟傳統或坊間都有很大出入。他們很想知道一件事。究竟哪種方法的準確性較高？這一問，筆者片刻也答不上來。

其實，任何術數，各自精彩，無須互相比較，只要多練習、多印證，自然會提高準確度。若習者執於門派之見，只會固步自封。事實上，易卜方法很多，門派亦不少，各有各用法，各有各克應，只要習卜者能掌握竅門，活學活用，任何一種占卜，都是一套好的預測學，大家不必拘泥於卦的形式。

術數講求應驗。易卜以問事為主，應期較短，問卜者應留意批言，如卜者判酉月是應期，其克應在西曆8月至9月間，若然這期間並無應驗，問者可另覓高人可也。

　　易卜另有特點，亦可借助爻辰五行，來反射問卜者的性格、容貌和處境，這也是筆者鍾情易卦的原因。所以，凡卜者判卦，支吾其詞，無棱兩可，講了等於沒講，答案只有一個，就是他不明易卜，不懂斷卦，又遑論替人解答疑難呢？這刻，問卜者只好安慰自己一句：「破財消災」好了。

　　筆者所用的卦，其精髓在於變卦及後六親的運用。傳統易卜，對角色的勾畫，人事的變動，或事情的演進，欠了角度。其實，判卦不離本卦。無論六爻怎樣發動，其化出的爻辰，須與本卦配合，看其生剋，認清事情，了解真偽，作出準確判斷及提供相應對策，這才是用卦的本義。

## 【七】戀愛的藝術

戀愛是一段奇妙的過程。過程可令人如沐春風，享受其中；過程也可令人心結難解，煩惱自尋。戀愛的感覺，不受年齡限制，不過，不同年齡，反應又完全不同。

少年男女，充滿幻想，受到愛情衝擊，剎那間燃起心中愛火，其戀愛感覺，如火箭般直上雲端，這是沒有回頭的愛。戀愛令人壯大、戀愛令人陶醉、戀愛令人盲目，戀愛更令人失去方向，這種無根的愛，大多數是無疾而終！

人到中年，飽經風霜，感情內斂，其愛恨得失，不易從臉上找到痕跡。中年男女，不論單身或已婚，遇上心儀異性，那種心如鹿撞的感覺，打從心底裡產生無盡愛意。

當愛意冒起，喚醒戀愛琴弦，他們追求的欲望，與日俱增。有時候，因為時空不對，或年齡差距，又或身分有別，無法譜出戀曲。許多時候，他們戀愛的感覺，卻變成痛苦的根苗。

近日與友人閒聊，他三十出頭，仍是單身，經常穿梭女人群中，給人戲謔為「情場浪子」。他有個人愛情觀，談及感情之事，總是孜孜不倦，發表心得。他說：「戀愛是一種藝術，一種追求的藝術」。如何將一顆冷冰冰的心，用真誠去溶化，化為無窮愛意，再轉為激情，這是靈欲的交流，也是靈欲的享受。

他說話時，情緒非常高漲，雙眼看著我，口沫隨其偉論，在空中橫飛，同始三人，無一幸免，我只好拿出紙巾，抹走面上飛沫，真是「多謝送贈」！

頓刻，筆者思維，走進了六爻領域。象數易中，神獸地位超然，具有辨象功能。這類視「戀愛為藝術」的一群，應配上哪隻神獸？真值得我們去玩味。

青龍行事磊落，不會多作幻想；

朱雀好爭好辯，貪求口舌之利；

螣蛇手段圓滑，凡事講求實際；

白虎決絕妄動，哪會心思熟慮？

餘下勾陳與玄武，最有推敲價值。

兩獸本質帶偏，行事容易偏離正軌。

勾陳主策劃，玄武善計算。若然配合「子午卯酉」四桃花，兩獸又會轉變成怎樣的樣子呢？

勾陳的策劃，是經過精心部署，與玄武比較，他太著痕跡了。勾陳重外表修飾，卻欠內裡靈魂，平心而論，他當觀音兵還可，想觸摸異性的心靈，還差很遠。

勾陳未能將情感演化，根本沒法體會戀愛的真諦。在勾陳的角度，藝術就是一種裝飾，「戀愛的藝術」就是斧鑿出來的裝飾，冰冷而欠情感。

玄武則不同，玄武是賊，配上四桃花，便成為偷心的賊，或稱偷心漢子。玄武可偷心，是先令異性傾心。在感情路上，玄武以攻心為上，在此表露無遺！

玄武能判斷和掌握異性失落的一刻，而且善於營造氣氛牽動人心。算是其貌不揚，亦能得到異性歡心，敞開心扉，若能持續送暖，所謂「戀愛藝術」，便由此展開。

世持玄武，臨桃花，其人的戀愛行為，以奪心為先，最有資格能成為情場浪子，或感情殺手。

　　男占姻緣，遇上這類卦象，大家要小心處理，不然，女方可能成為他床上的美點！

# 第二章　六爻生命

【八】卦即陰陽

　　陰陽主正反、陰陽主高低、陰陽主好壞，簡單而言，陰陽是相對的反射，故此，凡術數，皆論陰陽，利用陰陽理論，解答一切事物。陰陽概念，在易卦運用方面，尤為重要。看看八宮卦氣，乾坎艮震四卦為陽，坤兌離巽四卦為陰，基本上，每支卦的本質，已暗藏陰陽屬性。陽主剛，陰主柔，這是推斷易卦的原則和概念。

若細分陰陽，要從爻辰入手。卦象由下卦和上卦組成，每卦三爻，合共六爻。每個爻辰，不是「陽爻」便是「陰爻」，爻沒有陰陽合體這回事，不要自作聰明，徒增學習障礙。由此引伸，世間事物，永遠是處於相對位置。高屬陽，矮屬陰；大屬陽，小屬陰；光屬陽，暗屬陰等等。明乎此，斷卦可據爻辰的陰陽性質，來作出仔細判斷。

　　卦象組成不複雜，只有卦爻、飛神、六親及六獸四種配搭，在推斷時，卦爻的陰陽，也是考慮環節。世持陽爻者，其人謹直豁達，光明正大；世持陰爻者，此人心思細密，性帶陰柔。引伸開來，占問事業，持陽爻者，做事大開大埋，一板一眼；持陰爻者，每事反覆思考，優柔寡斷。這正是陰陽兩者的區別。

　　或許，不少人有疑問？陰陽魚圖是陽中帶陰，陰中帶陽，跟筆者所講之不陰即陽的說法，有所出入，莫非自打嘴巴？非也，若然我們反璞歸真，歸於起點，便知所有一切，皆從純陰純陽開始。

　　純陰與純陽受後天人事、環境、文化等因素影響，陰陽開始產生變化。陰不再是純陰，陽不再是純陽，陰陽從根本中起了變化，進入陽兼陰或陰兼陽的狀態，這正好顯示出世情多變與人生百態。

人在陰陽領域、物在陰陽範疇，兩者受到陰陽力量的拉扯，人選擇不同行徑，物變出不同模樣。這樣，世間才有變遷、人才有善惡、物才有美醜。

　　從人的角度，卦爻陰陽不同，行為亦有分別。有人思考靈活、有人處事審慎、有人奸詐狡猾、有人忘恩負義、有人多愁善感......。一切一切，讀者只能在陰陽的理論中，尋找答案。

再以持陽爻者為例，他們做事原則，一板一眼，為什麼有時處理事情，手段變得圓滑，令人易於接受，這種轉變，其實就是「陽」中兼了「陰」的原故；倘若是優柔寡斷的陰爻者，面對項目或議程，有時會十分堅持，這種柔中帶剛的行為，正正把陰陽魚圖「陽中帶陰，陰中帶陽」的含意，徹底地展露出來。

　　個人認為，了解陰陽變化，才能體會六爻的生命力量，爻辰有了生命，卦象便有靈魂，判斷才是真實。

## 【九】六爻生命力

學術數的朋友，總覺得象數六爻最難理解，也最難捉摸！何解？因為普遍人認為，卦象結構簡單，怎可以用來推算事情始末、預測人事變化、揣摩情緒起落及判斷成敗關鍵呢？

常人看來，六爻預測，真的有點兒天方夜譚。為了鞏固信念，筆者先從六爻結構，探討其克應的或然率。

一卦六爻（6），六爻皆可發動（6），加上流年十二地支（12）、流月十二地支（12）及流日十二地支（12），若將它們乘起來，便會得到一個基本的組合數字。

每支卦的或然率是 6 x 6 x 12 x 12 x 12 = 62,208。其實，這也可以說成 62,208 個組合。

假若想知 64 卦的或然率，其組合數字，當然更多。簡單的計算，可將每支卦的 62,208 個組合，再乘上 64（62,208 個組合 x 64），便得出 3,981,312 個組合的可能性。

試想，擁有這樣龐大的組合數據，易卜怎會是一門簡單的術數呢？

不少人用卦，永遠停留在 1 加 1 的層面上。他們只懂見字讀字，見爻解爻，失去解讀和推演卦象的能力。在他們眼中，六爻是六個不動的符號。不動的符號，對任何人來說，只屬於一種象徵，既沒有生命，也欠了實質。

　　大家想想，為什麼六爻稱為「象數易」？因為六爻包含「象」和「數」兩個部分。象數彼此互疊為用，變成「象中有數，數中有象」。象與數同時運用，六爻就能活現起來，化成生命力量，把人世間事情，透過爻辰意象娓娓道來！只不過，許多學卦朋友，基礎薄弱，對數與象的運用，全然不知，又怎能察覺得到數象的投射和克應呢？

　　現在，筆者拿單〔I〕、拆〔II〕、重〔0〕、交〔X〕來解釋。

單、拆兩者是靜爻。世臨靜爻，問卜者安於現狀，若想知他是自願還是被迫，只憑單、拆兩爻，沒法得知。基本判斷，除看日月外，也要看世應生剋，才可分析實際的情況。

　　再細分下去，可推敲問卜者世持單爻或世持拆爻時的反應，由於陰陽性質不同，行為表現必然有異，一般而言，單爻屬陽，代表剛毅、鬥志、向上，而拆爻屬陰，代表沉穩、內向、欠積極性。只要卜者層層推敲，便可意識到靜爻非靜，只是靜待時機而已！

　　重、交兩者是動爻。問卜者對週遭環境，反應敏感。世是重爻，問卜者已作出相應動作，動作是否恰當？還要看化出的爻辰五行，回頭對本卦造成的吉凶影響。動作恰當，克應必吉；動作失當，克應必凶。這是正常的推論。

　　交爻屬陰。陰爻個性，沉穩冷靜，他不會貿然而動，故此陰爻發動，一定觀準形勢，伺機而發。雖然他的反應和舉動，比重動為晚。是否失於先機？是否後發先至？一切不可妄斷，須要審視六爻的整體得失。

假使讀者心思細密,可以從「單、拆、重、交」四個爻中,體會到問事人的處境、舉動和心態。若然卜者能解讀爻辰意藏,六爻的生命力,自然在卦象中浮現!這刻,學卦趣味,悠然而生!

象數六爻的大門,不會因某人而存在,而是歡迎各位蒞臨參與,共同開拓易卜的新境界!

## 【十】活化「二爻」

　　象數易也好、文王卦也好，甚至六爻預測也好，全是五行運用。所以，認識五行生剋，正是推斷基本。每門易卜，都有自己的運算原則，只要習者掌握竅門，門門皆準。

　　不同門派，有不同判斷準則；不同習者，有不同領略範疇。判卦個個不同。有些創意無限，意象萬千，卦卦有含意，爻爻有得解，海闊天空，想象無限；有些單取世應，連成一線，看其生剋，敲定得失。誰對誰錯？要多作印證。

　　今人用卦，多繼承傳統，以「捉用神」技巧來捕捉卦意，完全忽略日月力量。久而久之，習卜者對判卦原則，逐漸模糊，因為他們不知道爻辰的力量源頭，以致判斷失

準，為人詬病。

六爻是否爻爻有用？已成為不少習卜者的疑問。如果爻爻有用，祖師爺京房又何須設定世、應、卦身呢？有時，一個不顯眼爻辰，卻成了成敗關鍵。應如何取捨爻辰？總不離易卜原則，釐清原則，取有用去無用，卦路清晰，克應準繩。

以「二爻」為例。若然「二爻」不在用事位，也沒有發動，對事情推斷，作用不大。假使占問課題，涉及民生或家宅兩方面，「二爻」存在的功用，就不容忽事了。

從民生層面而言,「二爻」是平民位置,反映他們的意欲、渴求、憂慮與生活等等,卜者可從此爻,間接地了解社會狀況。究竟人民是活在一個怎樣的環境下?是安穩還是動盪?「二爻」所釋放的訊息,自有交代。

欲望　需要　財富　享受　壓力　生活質數　飢餓

　　「二爻」在內卦,對一宅吉凶,尤其重要。家宅卦以「二爻」為宅爻,有其道理。

宅爻的用途，主要用來看一宅之氣場。

進父爻氣場，一家煩擾不停；

進子爻氣場，一家福厚開懷；

進兄爻氣場，一家破損阻隔；

進官爻氣場，一家疾病官非；

進財爻氣場，一家豐厚穩定。

無可否認，古籍亦有提及二爻，不過內裡文字，只是輕輕帶過。香港是國際都會，新一代忽視中文，以學習英語為主，他們的中文閱讀能力，日漸退步，對易卜古文，自然看不明，故此，卜者對二爻功用，不懂是正常的。

　　為了讓習卜者們，知道「二爻」的實際用途，筆者已把相關資料，放在《象數易六爻透視-宅運吉凶》內。如讀者想知道筆者怎樣活化「二爻」，可找來此書一看。

## 【十一】判卦要有代入感

初學易卜者，對陰陽概念，模糊不清。他們看着六爻，無論是靜是動，總是一臉茫然，不知從何處開始！前人採用「捉用神」方法斷卦，卜者需具有超乎常人的感知力，才能捕捉六爻訊息，作出判斷準確。假使卜者不在狀態，推斷往往失準。

卦中飛神，配上六親，人事佈局已見複雜，再加神獸和動爻，推動卦爻景象，千變萬化。自京房開始，象數六爻的斷卦原則，已開始轉變。他定立世應，作為斷事主幹，故此，卜者斷卦，應從世、應、用神及卦身等處著手，問題主線，自然會逐步孚現。

若然卜者能在萬象森羅的卦象中，找出開啟卦心的鑰匙，任何事情，對他來說，只是一條人生的加減數，頃刻之間，一切疑難，便會迎刃而解！也許，你會說筆者擾人耳目，判卦就是判卦，何來「鑰匙」呢？筆者所說的鑰匙，就是判卦的「代入感」。

簡而言之：

　　一個沒經過生死的人，
　　　　永遠沒法體會家庭的重要。

　　一個沒經過事業失敗的人，
　　　　永遠沒法體會友誼的可貴。

　　一個沒經過頑疾困擾的人，
　　　　永遠沒法體會健康的重要。

　　一個沒經過戀愛的人，
　　　　永遠沒法體會失戀時那種錐心之痛。

明白當中道理，卜者在判卦時，便能代入角色，配合卦象，揣摩當事人的思路和行徑，從而推敲結果。

舉例說明：

陰曆:已丑年壬申月已亥日
占問:T小姐占緣份
得卦:火澤睽（艮5） 化 火水未濟（離4）
空亡:辰、已 卦身:卯

| 卦爻 | 六獸 | 六親 | 卦象 | 飛神 | 伏神 | 變卦/後六親 |
|------|------|------|------|------|------|-------------|
| 上爻 | 勾 | 父 | I | 已空 | | |
| 五爻 | 朱 | 兄 | II | 未 | 子財 | |
| 四爻 | 龍 | 子 | I | 酉 | | |
| | | | 世 | | | |
| 三爻 | 玄 | 兄 | II | 丑 | | |
| 二爻 | 白 | 官 | I | 卯身 | | |
| 初爻 | 蛇 | 父 | O | 已空 | | 寅父 |
| | | | 應 | | | |

〈代入感分析〉

世位本質：

- 占緣份，官爻是男方，財爻是女方。

- 世是 T 小姐，她持財爻才對。

- 為何此刻 T 小姐是持青龍子爻酉金呢？

代入分析：

＊ 我是 T 小姐。持酉金，貌美且桃花旺。

＊ 青龍配酉金，家境不差。

＊ 青龍配子爻，學識高，能力也高。

＊ 我有能力，兼且美貌，又行正桃花運，追求者眾。

＊ 為何我持「子爻」，不是財爻呢？因為「子爻」尅官，令我的感情，出現不利因素。

＊ 至此，可以從子爻性質，推斷到 T 小姐的實際處境。

**應位本質：**

- 用來反映緣份的情況與發展。

- 應持騰蛇父爻巳火，父爻為婚約，騰蛇主纏繞，T 小姐正受婚約之事困擾。

- 巳火落空，動化出父爻寅木，與月建成「寅巳申」三刑瓦解局面。卦象想提示什麼？

**代入分析：**

\* 父母日夕催婚，令我倍感無奈。

\* 明白感情之事，不可強求。

\* 應位成「寅巳申」三刑，父爻瓦解，婚約難成。我自己十分清楚，婚姻之事，定必遙遙無期。


**用神本質：**

- 女占緣份，以官爻為用神。

- 男友持白虎卯木官爻，得日辰亥水來生，卯木桃花，非常旺盛。

代入分析：

* 官爻旺，配白虎，男友除了外貌俊朗外，身型也十分健碩，與他外出，常常招來羨慕目光。

* 因為卯木是桃花，男友多情，感情生活，多姿多彩，令我失去安存感。

卦身本質：

● 卦身是心意所在。

● 此卦卦身落在官爻上，有何用意？

代入分析：

* 男友質素高，令我傾慕。

* 問題是，他異性緣極旺，使我十分煩惱，要時時監控他的舉動，因而產生不少嫌隙！

【總結】

　　能代入 T 小姐的位置，便能體會當中情況。她男友多情，在異性群中穿梭，享盡風流。感情是自私的，兩人之間，沒有空間多容一人，最終，必然分手收場。

## 【十二】暗角之神

　　古今習卜的人，視六爻為死物，而死物所反映的，是一個影也是一個象，沒有動態也沒有力量。他們全不知道，六爻非死物，動態在其中。卦象生命，源自日月；卦象活力，來自神獸。六爻神獸，氣息互通，能喜能愛，洋溢著生命活力。

　　神獸有六，故稱六獸。六獸之中，玄武位北，北方屬水，無陽光直照，水冷深寒，反映當事人的行為和思緒，偏向陰沉冷靜，但又不被人理解，故此，玄武代表「暗」。

　　古人受禮教薰陶，行事正直，因此他們喜青龍之磊落，不喜玄武之暗晦；喜朱雀之能辯，不喜玄武之計算。青龍表徵為名門、表徵為大官、表徵為顯貴、表徵為儒雅，而神獸玄武，卻落得一個「暗角之神」的惡名，受人唾罵！

若然翻看古籍，不難看到有關玄武的文字。「玄武兄爻」或「玄武官爻」，兩者被註解為盜賊和偷竊。何解？古代社會純樸簡單，前人從狹窄角度看「玄武」，沒有深究其冷靜背後，潛藏著靈活機變的性質。

　　所謂暗晦、陰沉與盜賊，全部與黑暗有關，亦和罪惡之事連成一線。古人將「玄武」等同「暗角」人士，這樣，可能令他們失去信念，永遠抬不起頭來做人。

　　其實，理論歸理論，理論與現實，有可能出現兩極反差。「玄武」的陰沉冷靜，未必使人走進陰暗面，也可能帶出其人的機變與謀略。怎樣去區分兩種情況？首先要明白「玄武」的強弱狀態。

玄武強大，機謀善變，進退有道，在這瞬息萬變的年代，他們最懂求生之道。看看今天的投資顧問、影視藝人、會計人士、博彩從業員等等，無不擁有「玄武」的性質。

　　若說玄武是賊，只懂盜竊他人財物，倒不如承認，我們活在一個盜賊的世界裡！

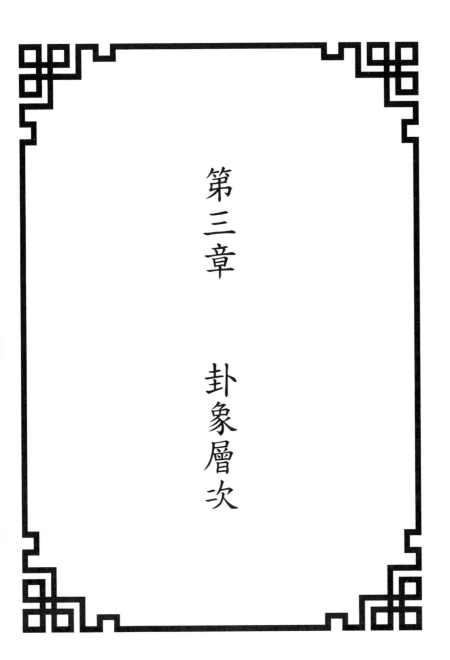

第三章　　卦象層次

## 【十三】斷卦按層次

卦象推敲，切忌爻爻去解，也忌獨尊動爻，若是，斷卦容易迷失，失去主線，掌握不到事情的來龍去脈。最普遍的問題，是弄錯事情先後，令當事人的身份角色，變得模糊不清。

個人認為，熟習五行比「捉用神」更為重要。如無天賦，一般人是學不懂「捉用神」。用神在爻上，要捕捉用神，便要花盡心思，忘了六爻強弱、忘了六親真假、忘了六獸好壞，更忘掉了爻辰呼應的道理。在時空中的鋪排下，帶出卦爻的種種不同景象。

有時自問，不懂「捉用神」，是不是無法拆解卦象呢？

斷卦，何用死守古法？捉用神只是其中一法。祖師爺京房，創出象數易，定立世、應、卦身等位，其目的十分簡單，希望後學明白判卦的重點所在。

　　*判斷卦象，應從世應兩位開始。*

　　世應是事情的主幹。首先了解六爻性質，確定占問事情的狀況；從另一角度，這是事情的本質，也可說是事情的大概。這是斷卦的第一層次。

　　假若本卦六爻，一爻發動，在爻辰發動那一刹，動爻釋放的氣場，對其餘五爻，會造成「生扶拱合」或「刑沖剋害」的效應。這是事情的發展，也是吉凶交戰。這是斷卦的第二層次。

動爻化出的爻辰，擁有自己的五行及六親。他的力量，對本卦爻辰，同樣產生「生扶拱合」或「刑沖剋害」的效應。問題只是，其生剋是針對世應，還是對準用神，或是直指卦身。卜者們要仔細分析，因為爻辰回頭生扶或剋害，往往是事情的變局或結局。這是斷卦的第三層次。

　　懂得卦象提供的信息，便可一層一層地推演六爻變化，尤如我們將事情的迷團一個一個地打開，這樣學卦用卦，才覺趣味盎然！

## 【十四】六爻旁通

　　紫微斗數的推斷法則中，有一則叫「星曜互涉」，他跟易卜之「六爻旁通」，有著異曲同工之妙。「星曜互涉」的原理很簡單。命盤中的一組好星，不在命宮的三方四正，因此，命宮跟那組星似是無緣，永遠會不上。表面看來，彼此互不相干，實際上，又不是那回事。其實兩組星間接地互相影響著。

　　舉例來說，命宮星群組合差，而父母宮正曜結構好，便有提攜力量，在這種情況下，術者應建議當事人，尋求長輩之助，減低人生阻力，擴闊事業領域，甚至助其渡過難關。

　　再舉一例，命宮星群組成「陽梁昌祿」佳構，讀書成績優異，假若福德宮桃花遍集，煞星破壞，可以肯定，當事人受感情困擾而荒廢學業。解讀斗數命盤，視線不可只集中在命宮及其三方四正內，否則，很多細節和變動，都會被忽略或遺漏。

易卜的「六爻旁通」與斗數的「星曜互涉」法則，十分相似，同一路向。易卦六爻運用，世應永遠是主幹，是斷事根本。世應等同紫微斗數的命宮與身宮，來看當事人的性格及運勢，其餘四爻，能否左右結局？需要看他們對世應有沒有構成影響。

閒間爻辰，靜而不動，反映意象，全無力量，只起點綴作用，讓當事人對事情有著更深、更闊、更完整的了解。

旁通者，即遍通也。所謂「六爻旁通」，是融會六個爻辰，貫通其意。不少術士，利用「六爻旁通」一詞，穿鑿附會，發了不少財。其實，這句「六爻旁通」，不是術士所言，要爻爻去解，拼湊訊息，而是指有用的閒爻或間爻，跟用事爻產生克應。

有用的爻辰，可互通訊息，進來的訊息，有真亦有假。究竟怎樣去界定爻辰有用？究竟怎樣去確定訊息是真？這正是卜者考慮的問題。

易卜六爻，垂直排列，彷如管道，貫通上下，訊息流動，簡單直接，這種靜態，只是易卜一半，而另一半是動態。爻辰發動，是動態表現，爻辰因應發展需要，作出重動或交動，令整支爻象產生變化。

爻辰由靜態轉為動態，牽動著主事爻，構成一幅動態景象，勾畫事情的始末。

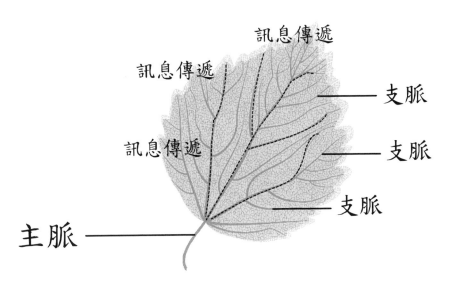

說到動態變化，不少人都不明所以。或許，筆者可以借助葉子的結構，來解釋靜態與動態的關係。每片葉子，除了主脈外，還有支脈。主脈位於葉子中間，粗壯而有力，成為世應互通信息的橋樑，而主脈兩旁，連上很多幼弱支脈，支脈延伸，就如爻辰發動。長出的支脈，接收新的資訊，再傳送回主脈，訊息循環往返，便可作出細仔推斷。

　　靜態是本卦意象，動態是事情變更。爻辰在動態層面上，主軸與橫支，透過「六爻旁通」，將訊息傳遞。一線動還是多線動，主要看卦中有多少爻在動，其錯綜複雜的關係，牽動着整件事件的吉凶變化。

## 【十五】本卦化爻成一體

　　整理資料時，發現一篇未完成手稿，在好奇下翻閱內容，才依稀記得當日寫這篇文章的目的。接觸易卜初期，滿腦子疑惑，尤其對變卦問題，像魔罩般把我罩著，令筆者動彈不得。究竟本卦與變爻是怎樣連繫起來？這個問題，困擾筆者多時。

　　翻閱卜筮古籍，提到爻辰發動，皆以「卦變」為主。例如，本卦「乾為天」，四爻重動，化出「風天小畜」，基本上，卜者利用本卦卦象和變卦卦象來解釋事情，這種斷卦方法，多見於傳統「義理易」上。

　　「義理易」不用五行，用卦變來分析事情，倒是合理。「卦變」斷事，脫離五行法則，無法與「象數易」相提並論，彼此運作不同，再討論下去，也沒有意思。

　　一爻發動，令卦象生變，這是不爭事實。見過很多術士，採用五行斷事，他們處理卦變方法，是排出化卦全部地支，故此卦象同時出現兩組地支。究竟本卦地支重要還是卦變地支重要？術士沒有解釋，只隨其心意，拿來推斷。他們此種舉動，讀者認為合乎常理嗎？

象數易之機關，全在五行運用中。本卦飛神鋪排，對事情得失，已有暗示；若然爻辰發動，正是動處起波瀾，與他爻何關？術士用齊化卦六爻的五行作判卦，筆者左想右想，還是想不出其原因來！

〔卦變卦例〕

**得卦:「乾為天」化「風天小畜」**

| 六親 | 卦象 | 飛神 | 伏神 | | 六親 | 卦象 | 飛神 | 伏神 |
|---|---|---|---|---|---|---|---|---|
| 父 | I | 戌 | | | 兄 | I | 卯 | |
| | 世 | | | | 子 | I | 巳 | |
| 兄 | I | 申 | | | 財 | II | 未 | |
| 官 | O | 午 | | 化 | | 應 | | |
| 父 | I | 辰 | | | 財 | I | 辰 | 酉官 |
| | 應 | | | | 兄 | I | 寅 | |
| 財 | I | 寅 | | | 父 | I | 子 | |
| 子 | I | 子 | | | | 世 | | |

73

看近代著作，作者在易卜運用上，已起了點變化，除採用「卦變」外，還利用變卦後的「爻辰」，對本卦飛神造成生剋，這種推斷方法是否可行？筆者並不知道。為什麼這樣說？因為在六爻架構上，出現了一些沒法解釋的盲點。

## 卦變盲點

盲點一，本卦已有世應兩位，變卦另有一對世應。究竟兩者怎樣取捨？究竟兩者誰較重要？書中沒有清楚指出。

盲點二，五行的生剋，究竟是本卦爻辰影響變卦爻辰還是變卦爻辰影響本卦爻辰？仍然是一個謎。在網上，本人見識過一位易友判卦，一時以本卦爻辰影響變卦爻辰，一時以變卦爻辰影響本卦爻辰，似是沒有準則可言。

盲點三，算是本卦與變卦爻辰可互相影響，相生也好，相剋也好，亦不可單憑五行作結論。事實上，六爻分析與推進，應有特定的進行軌迹，配合六親和六獸，才可下判斷，否則，一切皆屬紙上談兵，毫無意義！

盲點四，「義理易」與「象數易」站在不同層面上，解卦原則有別，判斷角度不一。奇怪的是，不少朋友，對變卦用法，卦卦不同。有時用「義理易」的爻辭解釋，有時用爻辰的五行推斷。應如何取用？沒有正面回答，直至現在，還是疑問串串！

　　易卜的發展，朝著「卦變」與「爻變」兩個大方向推進。「卦變」方式，前已論述，不再多談；而「爻變」方式，有其優點，在卦象生變時，仍然能保持著本卦的完整架構。

　　如上例，「乾為天」化「風天小畜」，由於是「爻變」，化出的「未」土，便直接對本卦的主事爻，產生五行上的生剋，事情的好壞，自然可一目了然。

〔爻變卦例〕

得卦:「乾為天」化「風天小畜」

| 六親 | 卦象 | 飛神 | 伏神 | | 變卦/後六親 |
|------|------|------|------|------|------------|
| 父 | I | 戌 | | | |
| | 世 | | | | |
| 兄 | I | 申 | | | |
| 官 | O | 午 | | 相合 | 未財 |
| 父 | I | 辰 | | | |
| | 應 | | | | |
| 財 | I | 寅 | | | |
| 子 | I | 子 | | | |

　　大家無須左猜右度。卦象化出的爻辰，其實是本卦的延伸。尤如子為母所生，其體內流著母親血一樣。他是家庭的一分子，他的行為好壞，必然牽動著整個家庭的喜與憂。

明白「本卦化爻成一體」的概念，判卦就不會鑽進死胡同了！

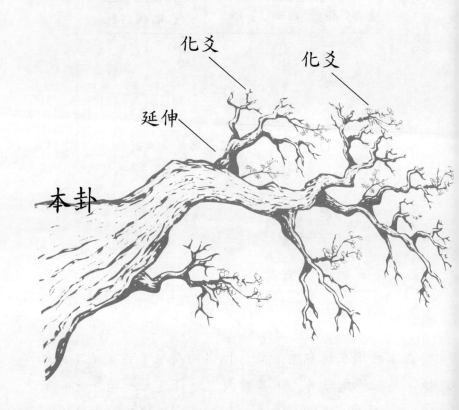

## 【十六】一卦多解

現代科技發達，互聯網發展迅速，許多易卜資料，被上載到網站，成為一個巨大的資料庫，讓有需要的人提取。近日瀏覽某網站，看到一篇易卜文章，其題為『占某銀行供股』。網主分析卦象時，還提到一卦多解，將供股卦象，用來解釋其他事項，這種判卦方法，引起筆者的興趣。

網主解釋卦象，獨具見解，左右開弓，本卦與變卦，同時排出世應，而兩組世應，可互相調用，而用神財爻，亦隨之而發，講解得頭頭是道，真是一套完美法則！看後，無不令人嘆為觀止！

首先，易卜非命祿術，不能推斷個人一生。在時空上，六爻問事限於一年之內。

其次，易卜以問事為主。問一事，答一事，簡單易明，何用一卦多解？

若然每支卦可以一卦多解，又何用定題？若然每支卦可以串連所有事情，不如索性畫一題目為「占問事」，不是更好嗎？

　　卜卦的目的，是趨吉避凶，不是作「事後孔明」，對嗎？網主務求做到一卦多斷，而過於穿鑿六爻意思，硬將答案跟爻辰扯上關係，究竟這是「神」的預測還是卜者靠撞，讀者可自行判斷。

　　解卦不是無的放矢，要先抽出重點，才可以順籐摸瓜，將六爻貫穿。豈可說一句「神機兆於動，爻神豈亂發」來將視線轉移呢？

　　當今世代，易卜方法很多，大師處處皆是，筆者才疏，不敢班門弄斧，只能從旁窺看，探求當中學問。自學卦以來，對六爻運用，略有研究。研究所得，一般占卜，以一卦一斷為主。真正做到「一卦多斷」的，只有「自身」和「家宅」兩課題。

　　點解「自身」和「家宅」兩個課題，能做到一卦多斷？當中技巧，本人已在《自身揭秘》和《宅運吉凶》兩本書中披露，讀者有興趣，可找來一看。

家宅　一　卦　多　斷　自身

抬頭仰望天際，是夜繁星隱沒，只餘烏雲蔽天，冷風襲來，吹得我鬢髮凌亂，但內心更加紊亂。究竟易卜這門學問，是否會隨着大師們的喜好，各自解說，推陳出新，偏離原本法則而弄至支離破碎呢？ 唉，真的是天知曉！

## 【十七】世位不同，權欲有異

中國人有一句說話：「人望高處，水向低流」。這正好反映出水的取向，人的抱負。六爻排列，展示卦象，由下開始，向上推移，初爻、二爻、三爻、四爻、五爻與上爻。從低至高，爻爻相隨，正好將「人望高處」這句話的意思，發揮得淋漓盡致。

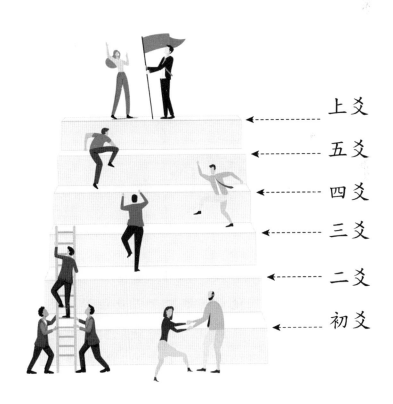

上爻

五爻

四爻

三爻

二爻

初爻

活在這個金錢世界，人們不向上爭取，哪能得到生活所需？看着六爻一級一級的向上流動，隱約透視著每個人的欲望追求。

「世」坐初爻時，是六爻中最低一爻，此刻，當事人無權無勢，身份卑微，甚至一窮二白，生活困迫，僅以清茶淡飯過活！人在窮途，往往成爭取向上的動力，動力有正有偏，當然要看當事人的品行而定。

「世」的位置向上移動，每升一位，理想越見遠大，欲念再次提升。假使，他最終能踏上五爻位置，反映當事人的運勢，有君臨天下之霸氣，其威嚴絕對不可侵犯，手底之下，全是給他差遣的人。他的信心、他的權力、他的財富，已不可與「世」坐初爻時同日而語。

「世」的高低，顯示當事人的權力和欲望。若想進一步分析哪爻的作用最大？首先要知道占問課題是什麼？不同課題，用神不同，假使用神得位，其所起的作用，也可能最大。


占治療，用神是子爻。

占財運，用神是財爻。

占健康，用神是官爻。

占家宅，用神是子爻。

占學業，用神是官爻。


　　有了課題，才能定出用神。從用神落位，找出他與世爻關連，再配合日月，認清兩者生尅，推斷才會準確。

## 【十八】判卦須從世應起

易卜只得六爻，看來異常單簡，但是，若想走進卦內了解六爻得失，卻不是一件容易的事。一般而言，學易卜的人，大致分為兩大類，而兩者在推斷上有什麼不同，可跟大家討論。

第一類人，寥寥可數，他們天資聰敏，與生俱來對六爻有很強的敏感度，算是卦爻多變，亦無阻其思路推進。他們得天獨厚，隨時隨地，也可作出準確推斷，令筆者這類平庸之輩，只覺汗顏。

第二類人，人數最多，他們醉心易卜，卻礙於本身能力，未必可在短期內，捕捉卦中含意。因此，他們須要一些指引，帶領他們步進卦內，剖析六爻力量，認清六爻關係，為了避免出錯，決不單取用神斷事。

判卦要有步驟，世應是事情主軸，無論用神是否在世應，判斷亦應由此開始。世應的存在，反映事情本質，本質優劣，須從世應入手。世應爻辰被「生扶拱合」還是被「刑沖尅害」，按其吉凶，來推斷事情好壞，或來理解人事佈局，進而看清事情的來龍去脈。

用神臨世或應，對第二類人來說，推斷是有依據。反之，用神跌出世應，世應爻辰反映處境，若論吉凶好壞，還要看整體六爻結構，再作決定。一般而言，世應爻辰不壞，用神得令，正是六爻呼應，克應屬佳。

初習易卜者，可依筆者的「推斷五大綱領」，按步展開，進行分析，只要多練習，雖天資不高，仍可推斷準確。

例：用神在世

陰曆：庚寅年壬午月庚申日

占問：Mac占學業

得卦：山風蠱（巽8）

空亡：子、丑　　　　卦身：寅

| 卦爻 | 六親 | 卦象 | 飛神 | 伏神 | 變卦/後六親 |
|------|------|------|------|------|------------|
| 上爻 | 兄 | I | 寅身 | | |
| | | 應 | | | |
| 五爻 | 父 | II | 子空 | 巳子 | |
| 四爻 | 財 | II | 戌 | | |
| 三爻 | 官 | I | 酉 | | |
| | | 世 | | | |
| 二爻 | 父 | I | 亥 | | |
| 初爻 | 財 | II | 丑空 | | |

卦解：

- 問學業，以官爻為用神。

- 用神在世，得日辰拱扶有力，可尅制應兄爻。

- 占學業，成績自然理想。

例：用神在閒爻間爻

陰曆：庚寅年乙酉月辛巳日
占問：Mac占姻緣
得卦：風澤中孚（艮7）
空亡：申、酉　　　　　　卦身：酉

| 卦爻 | 六親 | 卦象 | 飛神 | 伏神 | 變卦/後六親 |
|------|------|------|------|------|------------|
| 上爻 | 官 | I | 卯 | | |
| 五爻 | 父 | I | 巳 | 子財 | |
| 四爻 | 兄 | II | 未 | | |
| | | 世 | | | |
| 三爻 | 兄 | II | 丑 | 申子空 | |
| 二爻 | 官 | I | 卯 | | |
| 初爻 | 父 | I | 巳 | | |
| | | 應 | | | |

卦解：

● 女問姻緣，以官爻為用神。

● 用神不在世應，世應便看關係。世持兄爻，本意阻隔，
　被應父爻來生，越生阻力越大，姻緣定受阻隔。

● 追查用神官爻，卯木秋季入囚，跟世應呼應，在庚寅年
　內，對象難尋，還是寄望明年好了。

## 【十九】易卜與投機

每種術數設計，都有獨特功能，有測命祿、有測風水、有測地運、有測事項，而易卜預測，更闊更廣。因此，不少學卦明友，希望利用六爻特性，去推算恆指走勢或股票升跌，他們目的簡單，只求買賣獲利。

鑽研易卜二十多年，得出一個結論，利用六爻預測股市，局限性非常大。股票市場非廿四小時運作，無論卜者的占算能力如何高超，也同樣受制於時空，無法動彈。假使訊息剛考反映在運作時段，六爻預測會貼近大市；若然訊息顯示在收市後，又應怎樣理解？有興趣的朋友，可以用心推敲，相信不難找到答案。

易卜預測不準，有時非六爻問題，而是卜者根基不好。大家細想一下，倘若卜者不通五行，未懂爻辰生剋，怎可作出推斷呢？

所謂「卦隨心轉」，假使卜者直接參與投資，內心難保平靜，搖卦時患得患失，導致爻辰失位、六爻失向，無法分析，試問，他們怎可以準確判斷？若依著錯誤判斷去投資，真是吉凶難料！

卦隨心轉

　　算是卜者藝高，出卦無誤，能預測股市升跌，由於個人貪婪，在買賣時，未能做到低買高賣，獲取巨利，有時甚至出現虧損的情況。

　　另外，個人財運好壞，亦是重要因素之一。假使當事人走著破碎運勢，錢財薄弱，無論卜者預測如何準確，最終，當事人還是陰錯陽差，走上虧本之途。

卜者本身的主觀願望，往往也成為他預測的絆腳石。在判卦時，容易偏離卦意，作出錯誤判斷。這不是卦象不準，而是他對號入座，滿足其橫財大夢而已。

　　所謂「機深禍更深」，運用易卜來研究股市走勢是可行的，倘若利用他來從事投機活動，大家還是要三思！

## 【二十】易卦與風水

易卦屬於一門多功能的術數。除了用來測事外，還可用在風水上。傳統風水術，以玄空、奇門、八宅等較流行，當中，八宅最易學懂。

八宅稱為易卦風水，八宅用法，非常簡單，把人出生年變成年命，年命又稱為「卦命」，分為東四命及西四命兩種。東四命是震卦、巽卦、離卦和坎卦；西四命是乾卦、坤卦、艮卦和兌卦。不同出生年的人，可能有不同的年命。

一般用法，東四命宜住東四宅，西四命宜住西四宅。

| 巽<br>(東南) | 離<br>(南) | 坤<br>(西南) |
|---|---|---|
| 震<br>(東) | 後天<br>八卦 | 兌<br>(西) |
| 艮<br>(東北) | 坎<br>(北) | 乾<br>(西北) |

東四宅：

震宅（坐東向西）

巽宅（坐東南向西北）

坎宅（坐北向南）

離宅（坐南向北）


西四宅：

乾宅（坐西北向東南）

坤宅（坐西南向東北）

兌宅（坐西向東）

艮宅（坐東北向西南）

其實「玄空」與易卦，關係相當密切。兩者不謀而合，同樣以後天八卦為用。玄空將後天八卦，轉為數字。正是風水大師朗朗上口的玄空九星。

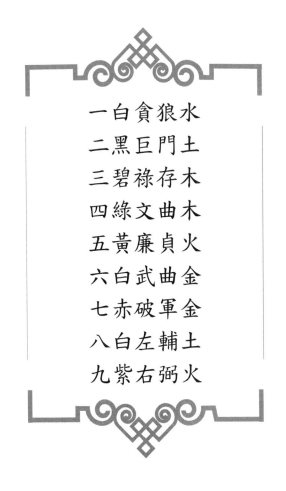

一白貪狼水
二黑巨門土
三碧祿存木
四綠文曲木
五黃廉貞火
六白武曲金
七赤破軍金
八白左輔土
九紫右弼火

下圖是九星的方位與五行，讀者可作參考。

| 巽<br>(木)<br>4　綠 | 離<br>(火)<br>9　紫 | 坤<br>(土)<br>2　黑 |
|---|---|---|
| 震<br>(木)<br>3　碧 | 中<br>(土)<br>5　黃 | 兌<br>(金)<br>7　赤 |
| 艮<br>(土)<br>8　白 | 坎<br>(水)<br>1　白 | 乾<br>(金)<br>6　白 |

　　八宅與玄空這兩套學問，都跟易卦有著千絲萬縷的關係。筆者的風水知識，只屬皮毛，不敢亂發己見。在這裡，我只想指出，易卦功用很廣，甚至可與風水結合起來運用。

易卦本身不是一套風水術。爻辰五行只可作有限度的調節作用，不能像其他風水術，達至扭轉乾坤的效果。筆者在網上見到，有師傅用易卦替人看風水，心裡心生好奇，但總是無法求證。「易卦風水」的效果是否等同其他風水術一樣？本人一直存疑。

　　近日，不知友人從哪裡弄來一份「六爻測風水」的講義，筆者翻閱數頁，已知其內容抄自《易穩》一書。如何去測？如何運用？根本沒有清楚說明，內容也不著邊際。若然按其內容，改動家居風水，後果是吉是凶，真是天知曉！

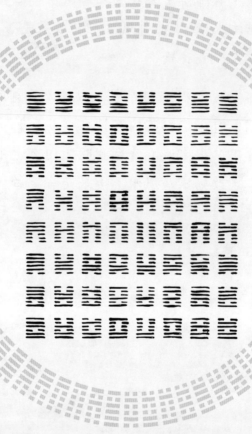

傳統象數易的六爻運用，沒有風水佈局那回事。在《卜筮正宗》家宅篇裡，也只能找到一些零星句子，用來反映本宅或週遭環境。

筆者在《卜筮正宗》中，抽出一些句子與讀者分享。

「水臨白虎將橋斷」

「兄弟卯爻床榻論」

「玄武乘兄有水浸」

「卯木藩籬定吉凶」

「門逢三破休敗崩頹」

「宅遇兩空荒閑虛廢」

「宅合有情之玄武，門庭柳陌花街」

「宅邊若有墳和墓，須知鬼墓值初爻」

自從筆者鑽研易卦後，發覺六爻仍有不少發展空間，經過多年來的努力，終於突破了傳統易卦的界線，並將所有心得，寫成《象數易六爻透視－家宅吉凶》一書，有興趣的讀者，可以拿來看看。

　　卦象由上卦和下卦組成，合共六爻。究竟如何將六爻套入一間屋內，一直是個謎團。近代著作，也說得模糊，沒有重心可言。古籍中，略有提及屋子畫分之法。初爻是地，二爻是大門口，三爻是大廳，四爻是兒女房間，五爻是父母房間，六爻是樑柱。這種安排，在古代的建築形制上，也可以說得通。不過，六爻中的六親和六獸，在風水的克應上，應如何敲定？反而值得我們去深思。放諸今天的高樓大廈式建築，更覺得六爻畫分，確實有點牽強。

　　初步研究所得，筆者認為易卦六爻的作用，不是用來設計家居風水，而是從爻辰配搭中，顯示居所氣場及其吉凶走勢。若想徹底改變家居風水，需要用上正統的風水法門。假使卜者糊亂增強或削弱某五行來改變某宅氣場，最終可能未見其利而先見其害。真的不得不小心！

　　易卦有其特別的預測功能。能否直接和準確地運用在風水佈局上，還需等待時間去印證。

# 【二十一】易卦與靈異

占卜之術，派別很多，看似相近，實則截然不同。大家認識的易卜，有文王卦、金錢卦、象數易、米卦、龜卦、籤卦、數字卦和六爻預測等等，它們各有特色，準確度高。卜者能否做到每卜必準？就要看其本身修為了。

易卦六爻，流傳千年，卻沒有消失於歷史巨輪中，證明易卜之學，必有其獨特處。易卦占卜，靈動百變，只靠六爻傳送訊息，不免給人一種神祕感覺，同時留下一大串解不開的疑團。若讀者有興趣，不妨抽空研究，領悟當中道理及變化，這才是正確的學習態度。

早前，從某日報上看到一篇文章，作者提到占卜靈驗，皆與鬼怪有關。讀後，心內有點戚戚然，久久未能平伏。本人習象數易十多年，感覺這套易卜之術，剛柔並濟，充滿陽光，兼具活力，還帶有一股不屈的氣度，令人敬服！

筆者不敢妄言，吾所學者為正統。象數六爻是一門平實學問，利用爻辰五行推斷得失，再配合六親和六獸，反映問事人的運程際遇，人際網絡及行為表現，帶出一幅又一幅的立體圖像，作為判斷基礎。筆者認為，象數易非「耳報」之術，怎會同靈異扯上關係呢？

　　天下之大，無奇不有，若某門易卜，跟靈異有關，已偏離易卦主流，非我們研習範圍。假使作者還未接觸過正統易卜，就不要妄下註腳，誤導群眾。在佛家角度，這等同犯了口業。為何不先求證，後作結論呢？

無可否認，在家宅占卜課題上，有些組合，可反映不良氣場，甚至顯示鬼怪存在，這只不過是一個象，用來提醒戶主，決定去留或採取應對方法。「借助」神鬼力量與「顯示」鬼怪存在是兩碼子的事，不可以混為一談。

　　失實的報導，令易卜蒙上污點，也令後學望而生畏。這樣，豈非阻礙了易學的發展？

　　希望不懂易卜的朋友，未認清六爻真偽前，不要人云亦云，此乃損人不利己的行為，幹來何益！

【二十二】股市預測，六親運用

過去十七年，每週寫恆指走勢，日積月累，對股市預測，尚算有點心得。坦白說，用六爻預測恆指，有準有不準，假使深入研究，便會發現不少盲點，需要花上不少氣力和時間去解破。

若想提高準確度，筆者建議每日占卜，看爻辰生剋，分析卦象，對比數據，印證克應，方為妥當。

致於六親在股票市場上的運用，是有其特別意義，可粗略敘述。

父母爻：
・代表市場的消息及其變化；
・代表大戶的舉動；
・代表對大市的憂慮。

子孫爻：
・代表恆指基調或實力；
・代表市場興旺。

兄弟爻：
　·代表市場失利；
　·代表破財；
　·代表炒家。

官鬼爻：
　·代表官方言論；
　·代表措施、策略；
　·代表人心驚恐。

妻財爻：
・代表交投量；
・代表市場暢順；
・代表獲利。

　　在推斷時，把六親所代表的意思，融入卦內，加上神
獸，前後推敲，進行分析，慢慢便可將恆指走勢，勾劃出
來。

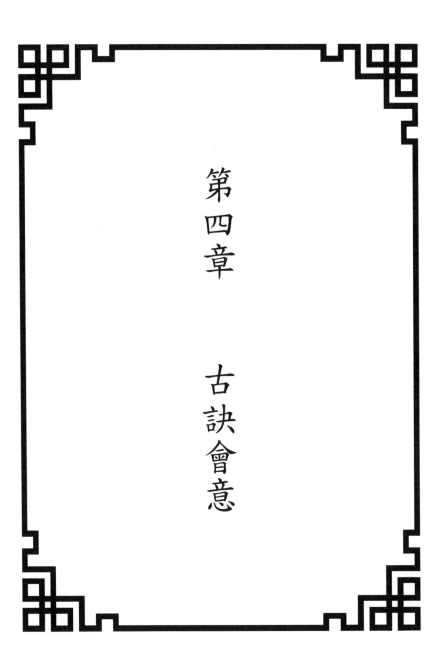

第四章　古訣會意

## 【二十三】「日帶進神，打馬入朝廷」

久不久收到網友郵件，林林總總，殘缺不全。筆者習慣，分類保存。近日有空，無所事事，翻閱資料，發現兩句古訣，十分有趣。『日帶進神，打馬入朝廷』，筆者孤陋寡聞，未知其出處。

訣後附有註解，抄錄如下：

### 日帶進神，打馬入朝廷

　　註解：測求官或求名，用神旺相臨馬星，又得日建之扶〈即用神為臨官，日建為帝旺〉，很快就會得官得名中榜。實際這是應期的一種斷法。

不知註解者是誰，他把六爻五行配合神煞來運用。

這種用法，有他的一套準則。

前人寫訣法，詞句不但寫得很美，而且還寫得很有氣勢。從這句『日帶進神，打馬入朝廷』的意思來猜想。在古代社會，這是中了科舉，晉身仕途，光宗耀祖的克應；現在社會，也會成功考進大學，平步青雲的預測。

無論怎樣，先從『日帶進神』四字來分析。

占求官或求名，以官爻為用神。

『日帶進神』四字，關乎日辰與進神兩者的關係。

日辰是官爻的進神。如用神是「寅」，日辰是「卯」，卯是進神，所以說日辰帶著進神。此刻，官爻得日辰木氣幫扶，氣魄強大，求名得名，求財得財，人生便可步入佳景。

長生十二辰起法：

木長生在亥
火長生在寅
金長生在巳
水土長生在申

長生　沐浴　冠帶　臨官　帝旺　衰　病　死　墓　絕　胎　養

木　局：「寅」為臨官，「卯」是帝旺；

火　局：「巳」為臨官，「午」是帝旺；

金　局：「申」為臨官，「酉」是帝旺；

水土局：「亥」為臨官，「子」是帝旺。


　　註解者先定用神為臨官（官即官祿），日建為帝旺，因為帝旺永遠在臨官後一位，亦是四桃花位置，這樣鋪排，便知臨官和帝旺，彼此是同五行，而且是臨官的進神。

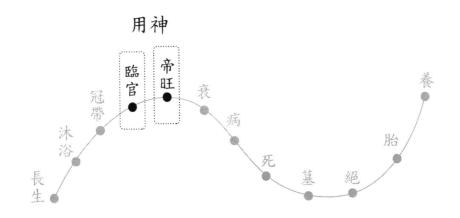

又謂『用神旺相臨馬星』。

馬星即驛馬，按日辰裝排。

申子辰日居寅
亥卯未日居巳
寅午戌日居申
巳酉丑日居亥

用神臨官「亥」；日辰帝旺「子」；按日辰水局『申子辰』來排驛馬，驛馬在「寅」。

用神「亥」與驛馬「寅」在六合位置，成「祿馬」暗合的意象。是否如註者所言，當事人不久就會中科舉當大官呢？本人抱著懷疑態度。

這種判斷方法，古籍雖有提及，但斷卦案例，少見運用，這是不是幌子，用來擾人視線，真的不得而知了？

註解者的解釋，涉及長生十二神，其支神排列，含進退意象，在此分析基礎下，筆者可作進一步分析。「帝旺」排在「臨官」後，爻辰向前行，意象向前走，正是進神得勢。

古人論卦，對爻辰進退，十分著重。經過筆者研究，進退神產生的力量，其實甚微，根本不能改變本卦動向。倘若卜者以用神的進退或日帶進神來斷卦，許多時候，只會流於武斷，甚至失準。

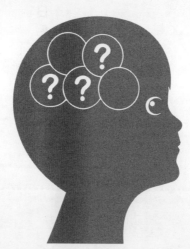

大家試想想下列數點：

卦中之世、應、卦身重要還是進退神重要？

世應的力量大還是進退神的力量大？

日月與世應的關係重要還是與進退神的關係重要？

若然卜者只論進退神而不考慮其他因素，一切都不合情理。

其實，古占功名，今占事業，以官爻為用神。所以，世持青龍官爻是重要訊息。假若用神官爻得日月扶持，青龍吉象呈現，問事人必仕途得意、工作順利、升職發財。何解？因為青龍主喜慶是也。

在青龍官爻得意的情況下，不論化進與化退，只會牽動點滴，無助整體大局的變化。

青龍官爻化進，只是錦上添花。

青龍
官爻　　世　寅　-------化進------→　午

青龍官爻化退，無阻事業提升

青龍
官爻　　世　寅　-------化退------→　子

筆者認為，只要熟習五行運用，已能判斷卦象，讀者無用太費心神，埋首於古訣之中！

## 【二十四】諸爻持世訣

易卜本不難，難在入門無法。古今傳授，混亂非常，各師各法，準則不一。授者無方，教者無法，習者自無所得，甚至問題叢生，失去判卦方向。「久立不知方，久坐未知向」，卜者原地踏步，了無寸進，怎可揣摩卦意，洞悉六爻動向呢？

習卜的朋友，未遇良師前，又久學未得，筆者建議他們，先看古籍《卜筮正宗》，此書內容，資料詳盡，覆蓋廣泛，讀之有益。

書內訣法很多，部分應驗奇高，當中某些古訣，至今還用得上，只要用心鑽研，習者不難在訣中，明白其含意及應用。

事實上，讀古書並不易，現代人讀之，面對著兩難：
其一，文字較深，不易理解；
其二，欠缺標點，難分段落，錯解原文。

初學者讀古書，或許感到迷亂，只要堅持，反覆重讀，終有得著。

光緒丁酉重鐫

林屋山人金洪緒輯

卜筮正宗全書

楊葉山房藏板

序

自古卜筮之道莫詳於左氏春秋蓋陽

朱子謂三代如太卜大筮職有專官故

其家皆有而其遺碑後罕徒其書不言而

驗之書今亦不傳故辭有碑而明之者蓋

書中有一篇〔諸爻持世訣〕，對初學者來說，是一篇非常實用的歌訣。

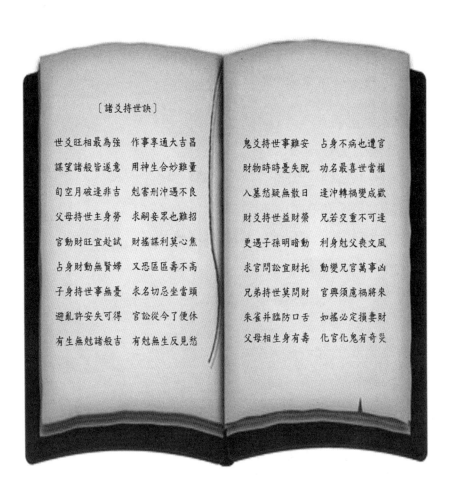

〔諸爻持世訣〕

世爻旺相最為強　作事亨通大吉昌
謀望諸般皆遂意　用神生合妙難量
旬空月破逢非吉　剋害刑沖遇不良
父母持世主身勞　求嗣妾眾也難招
官動財旺宜赴試　財搖謀利莫心焦
占身財動無賢婦　又恐區區壽不高
子身持世事無憂　求名切忌坐當頭
避亂許安失可得　官訟從今了便休
有生無剋諸般吉　有剋無生反見愁

鬼爻持世事難安　占身不病也遭官
財物時時憂失脫　功名最喜世當權
入墓愁疑無散日　逢沖轉禍變成歡
財爻持世益財榮　兄若交重不可逢
更遇子孫明暗動　利身剋父喪文風
求官問訟宜財托　動變兄官萬事凶
兄弟持世莫問財　官興須慮禍將來
朱雀并臨防口舌　如搖必定損妻財
父母相生身有壽　化官化鬼有奇災

120

這首歌訣，內容豐富，筆者拿了數句跟讀者分享。

*父母持世主身勞　，求嗣妾眾也難招*

〈註解〉

## 父母持世主身勞

*父主身勞解釋*

關係：父母、長輩。

反映：煩惱、擔憂。

克應：不在自身，便在父母或長輩。

解釋：1. 父爻臨世，當事人肩負責任，奔勞勞累。

　　　2. 當事人為所占事而煩惱。

## 求嗣妾眾也難招

*求嗣難招解釋*

關係：嗣是子孫，即子孫爻。

反映：後代、福澤。

克應：在後代或子女。

解釋：父爻臨世，剋制子爻，生育受阻，子孫難得。

*子身持世事無憂，求名切忌坐當頭*

〈註解〉

*子身持世事無憂*

特性：福澤

關係：子即子孫爻，主享樂。

　　　身即卦身，主心意。

反映：開心、健康。

克應：生活愉快。

解釋：子爻臨世，我行我素，逍遙過活。


*求名切忌坐當頭*

特性：官爻忌神

關係：子爻卦身，隨心而行。

反映：不思進取

克應：淡薄名利

解釋：子爻臨世持，嚮往逍遙自的生活，不利追逐名
　　　利，自然難出人頭地。

## 兄弟持世莫問財，官興須慮禍將來

〈註解〉

**兄弟持世莫問財**

特性：財困、劫財、破財、阻礙。

關係：阻隔

反映：窮困

克應：生活困苦

解釋：兄爻臨世，收入不穩，生活拮据。

**官興須慮禍將來**

特性：官爻主疾病、官非、意外。

關係：禍害

反映：驚恐

克應：疾病、官非

解釋：官爻持世臨旺，禍患將至。

# 【二十五】貴人歌訣

八字和斗數，皆有用上「貴人歌訣」。

在易卜方面，派別不同，各有選擇，有用有不用。易卜應否採用「貴人」來判卦？真是見仁見智，暫時未有定案。

象數易斷事，只用五行，不用神煞，故此，筆者用卦多年，亦不太清楚「貴人歌訣」在六爻運用中，會產生怎樣的效用？

現在，坊間採用日干來起日貴人，讀者可作參考。

〈日干之貴人訣〉

甲戊庚牛羊：甲日、戊日、庚日，貴人在未、丑二爻。

乙己鼠猴鄉：乙日、己日，貴人在子、申二爻。

丙丁豬雞位：丙日、丁日，貴人在亥、酉二爻。

壬癸兔蛇藏：壬日、癸日，貴人在卯、巳二爻。

六辛逢馬虎：辛日，貴人在午、寅二爻。

此是貴人方：天魁是男人、天鉞是女人。

在術數領域，筆者見識淺薄，經過反覆思量，認為把「貴人歌訣」應用在易卦中，極不恰當。為什麼？因為筆者心裡，還有兩個未解開的疑問！

〔疑問1〕- 用神與貴人，運用存疑問

不同課題占問，取用神不同。筆者認為，把貴人訣用到易卜中，並不是一件合理的事情。

例：貴人-「壬癸兔蛇藏」

日辰： 癸丑
占問： 女占姻緣
得卦： 地澤臨

| 六親 | 卦象 | 飛神 | 伏神 |
|------|------|------|------|
| 子 | II | 酉 | |
| 財 | II | 亥 | |
| | 應 | | |
| 兄 | II | 丑身 | |
| 兄 | II | 丑身 | |
| 官 | I | 卯 — 貴人 | |
| | 世 | | |
| 父 | I | 巳 — 貴人 | |

女占姻緣，官爻是用神。

怎樣理解「卯官」和「巳父」兩個貴人身份？

由於六親不同，無法確定他是平輩貴人還是長輩貴人？

若占財運，出現卯貴人洩財，巳貴人沖財，兩者對用神財爻既有敵意，也有傷害。何來貴人之力？實情貴人成凶象。

若貴人訣未能用到所有課題上，在易卜的角度，這訣已不足信了。

〔疑問2〕- 貴人本質變，吉凶反局見

貴人本質是用來提拔用神，或拯救事主於危難之中。按常理，用神五行不會與貴人五行互相剋害或各走極端。

若彼此在卦中發生衝突，怎可將用神融合起來？

下列兩例，可作出說明。


例1：貴人 -「甲戊庚牛羊」

日辰：　　甲辰
占問：　　財運
得卦：　　兌為澤

| 六親 | 卦象 | 飛神 | 伏神 |
|------|------|------|------|
| 父 | II | 未 — 貴人 | |
| | 世 | | |
| 兄 | I | 酉 | |
| 子 | II | 亥身 | |
| 父 | II | 丑 — 貴人 | |
| | 應 | | |
| 財 | I | 卯 | |
| 官 | I | 巳 | |

## 分析貴人

- 甲辰日占財運，得卦「兌為澤」。

- 世應持貴人，本主福厚。

- 丑未互沖，貴人角力。

- 凡六沖，主快與破損。

- 在這情況下，貴人主破還是主助？
  讀者自行判斷。

例 2：貴人－「甲戌庚牛羊」

日辰：　甲戌

占問：　生意

得卦：　風火家人

| 六親 | 卦象 | 飛神 | 伏神 |
|------|------|------|------|
| 兄 | I | 卯 | |
| 子 | I | 巳 | |
| | 應 | | |
| 財 | II | 未身—貴人 | |
| 父 | I | 亥 | 酉官 |
| 財 | II | 丑 —貴人 | |
| | 世 | | |
| 兄 | I | 卯 | |

分析貴人

• 甲戌日占生意，得卦「風火家人」。

• 依歌訣，日貴人在未丑兩地支。

• 世持財爻丑土，正是貴人，卦身未土，
  也值貴人。

• 做生意而得貴人扶持，主生意興旺，
  進財順遂。

• 何解世爻、卦身與日辰，偏偏構成
  「丑戌未」三刑之局？

• 三刑瓦解，主財破與傾敗的克應。

• 以此卦為例，貴人出不出現，對六爻判斷，
  結局沒有任何影響。

筆者提出兩大疑問，並非隨口亂噏，而是經過長期印證。筆者個人認為，「貴人訣」不屬於易卜層面，後學無須太花心神，去研究貴人克應。若習卜者繼續沉迷於此，而忽略了五行的基本運用，最終，他們只會枉拋心力，失去判卦方向。

　　跟同好交談用卦心得，偶有提到「貴人歌訣」，各有說法，不少人執信所學，重視日貴人的運用。問其準確度如何？多支吾其詞，左顧右盼，將話題扯開。其餘友人，跟筆者看法一致，認為象數六爻，已包含一切，無須再用上日貴人輔助。

貴人

如果讀者明白「用神」與「原神」的關係，大家便明白誰是貴人了。先定題後出卦，每支卦都有用神，來生用神者，便是支持者或貴人，即「原神」也！

　　原神已包含了貴人特性，再添一組日貴人，請問大家，這是否多此一舉呢？最大的癥結，當日貴人不能跟飛神和六親融合運用，在判斷時，可能出現互相排斥的狀態，應如何解決。與其增添混亂，何不放下「貴人訣法」，在判卦時，反覺自然。

　　前人守秘，流傳典籍，內容真假難分。若然後學囫圇吞棗，不求甚解，只會步入術數迷團，無法提升自己的斷卦能力。

# 【二十六】祿馬羊刃

易卜寶典《卜筮正宗》，內容非常豐富，而斷卦竅門，亦隱藏在文字背後。若後學反復讀之，便明白到六爻相扣，推斷有序，五行生剋，運算吉凶，一切一切，皆有路可尋。

古人信因果，怕受天譴，寫書同時，滲入了錯誤資料。雖然目的是為了守秘，但是間接擾人視線，亂人步伐，令習者走錯方向。因此，大家讀古書時要萬分小心，切忌囫圇吞棗，必需分清真假，否則，算是看了萬本書，斷了千支卦，哪又如何？最終，只會學無所得，錯漏百出。

書內歌訣有對有錯，非所有訣法都用得著，現在，筆者取「祿馬羊刃」為例，以作分析。

「祿馬羊刃」訣，包含了三顆神煞，即干祿、羊刃、驛馬。

先說干祿，干祿即祿存，主財富和享受。紫微斗數中的祿存，可按生年天干、大運天干、流年天干、流月天干、流日天干，或流時天干排出。易卜以日辰為大，取日干排祿存，故又稱為「干祿」。

干祿起法，以干推宮，不入四墓。

甲祿在寅，乙祿在卯

丙戊在巳，丁己在午

庚祿居申，辛祿到酉

壬祿在亥，癸祿在子

據日干來定干祿，本無不可，問題是，就算本卦六爻，爻爻用上，也只得六個，故此卦爻不一定遇上祿存；或者讀者會問，若然六爻齊發，哪又如何？算是六爻發動，化出爻辰，也可能與本卦爻辰相同，干祿用法，始終存在盲點。

舉例來說，若占卦當天，日干是甲，干祿地支在「寅」，若六爻沒有「寅」，這是否表示當事人的財祿不濟呢？

再舉一例，乙未日，陳君占財運。

陰曆：寅月 乙未日
占問：陳君占財運
得卦：風雷益（巽4）
旬空：午、未　　　　卦身：申

| 卦爻 | 六親 | 卦象 | 飛神 | 伏神 |
|------|------|------|------|------|
| 上爻 | （兄） | I | 卯 ▾ | |
| | | 應 | | 干祿 |
| 五爻 | 子 | I | 巳 | |
| 四爻 | 財 | II | 未空 | |
| 三爻 | 財 | II | 辰 | 酉官 |
| | | 世 | | |
| 二爻 | 兄 | II | 寅 | |
| 初爻 | 父 | I | 子 | |

按理論，乙干祿在卯，表示進財順遂，但是卯在卦
中，六親是兄，兄主破財，究竟卦象顯示是進財還是破財
呢？

假如占問病，干祿在官爻上，又應作何解？ 諸如此類問題，真的多不勝數！

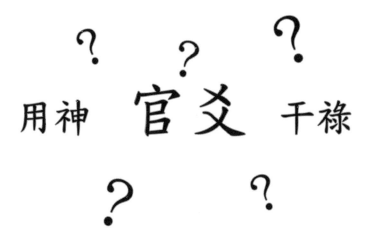

筆者研究古例時，發現前人斷事，甚少用上干祿，反而電腦起卦，卦頭列出干祿、羊刃和驛馬，在判卦時，又不見卜者使用，真是奇怪萬分！

究竟干祿的存在，是提升準確度還是畫蛇添足？大家不妨用實例去印證。

羊刃即「擎羊」，是一顆神煞。

術數論陰陽，所以在紫微斗數中，擎羊不是單獨存在。擎羊屬陽金，要有陰金來平衡，因此斗數有陀羅一星呼應，擎羊陀羅是對煞星，一陽一陰，永遠站在祿存的前後。

擎羊在前，陀羅在後，三者連成一線，是對饒有深意的配搭。

擎羊與陀羅的運用，在斗數中十分清晰，若把他應用在易卜層面上，總覺得有點古怪。

「羊刃」行度，是跟著祿存來移動，絲毫不差。

甲祿在寅、羊刃在卯；
乙祿在卯、羊刃在辰；
丙戊在巳、羊刃在午；
丁己在午、羊刃在未；
庚祿在申、羊刃在酉；
辛祿在酉、羊刃在戌；
壬祿在亥、羊刃在子；
癸祿在子、羊刃在丑。

卦同樣論陰陽，無理由只取屬陽的「羊刃」，捨棄屬陰的「陀羅」，這樣鋪排，容易令六爻運作，陷入失衡狀態，判卦又怎會拿捏得準確呢？

　　羊刃煞星，主是非與刑傷，遇之必凶。羊刃在六爻中如何運用？古籍未有提及，今人未得要領，因此卜者斷卦，皆視羊刃而不見。

　　在六爻的嶺域內，羊刃是否可用？還是前人故意擾亂，對初學卦的朋友來說，尤如大石在前，構成阻礙！

按訣法，羊刃在干祿前一宮，如甲干祿在寅，順理成章，羊刃便排到卯。

再以「陳君占財運」來解說：

陰曆：寅月 乙未日
占問：陳君占財運
得卦：風雷益（巽4）
旬空：午、未　　　　　卦身：申

| 卦爻 | 六親 | 卦象 | 飛神 | 伏神 |
|------|------|------|------|------|
| 上爻 | 兄 | I | 卯 ◤ | |
| | | | 應 | 干祿 |
| 五爻 | 子 | I | 巳 | |
| 四爻 | 財 | II | 未空 | |
| 三爻 | 財 | II | 辰 ◤ 酉官 | |
| | | | 世 | 羊刃 |
| 二爻 | 兄 | II | 寅 | |
| 初爻 | 父 | I | 子 | |

分析：

- 乙未日，乙干祿在卯，是兄爻。不知財運好壞。

- 干祿前一宮「辰」是羊刃。正是羊刃臨世。

- 世持羊刃，對著干祿，易友知不知道怎樣去判斷？

易卜六爻，論刑傷有白虎、論是非有朱雀，又何須借用羊刃？只要大家想深一層，便知在易卜應用的層面上，「羊刃」的存在，多屬裝飾，沒半點實用價值。

現在，筆者只用六爻基本，解釋「陳君占財運」。

陰曆：寅月 乙未日
占問：陳君占財運
得卦：風雷益（巽4）
旬空：午、未　　　　　卦身：申

| 卦爻 | 六親 | 卦象 | 飛神 | 伏神 |
|------|------|------|------|------|
| 上爻 | 兄 | I | 卯 | |
| | | | 應 | |
| 五爻 | 子 | I | 巳 | |
| 四爻 | 財 | II | 未空 | |
| 三爻 | 財 | II | 辰 | 酉官 |
| | | | 世 | |
| 二爻 | 兄 | II | 寅 | |
| 初爻 | 父 | I | 子 | |

分析：

• 世辰酉合，被應兄爻沖開，主財運波動。

• 合局開，卯木剋辰財，金錢自然有損。

• 財爻得日扶，陳君富有，有損失亦影響不大。

至於驛馬，跟干祿和羊刃，存在相同的問題。

驛馬主外出走動，也主奔波勞碌。

術數以「寅申巳亥」為四驛馬位，見之為動象。象數易這門占卜，六爻早有定位，不需借助「驛馬」來判斷。

時至今天，還有不少用卦者，仍然用上「驛馬」來判斷移民或留學，真的不明所以！

驛馬游走「寅申巳亥」，起法十分簡單。

申子辰年，驛馬居寅；

巳西丑年，驛馬居亥；

寅午戌年，驛馬居申；

亥卯未年，驛馬居巳。

　　卜者起卦，以當天日支來找驛馬，只要六爻見之，主有動象，或出門、或轉工、或升職、或搬遷等。殊不知，動有好壞之分，究竟是動吉還是動凶？首先要明白「卦內傳情，六爻傳意」，才能趨吉避凶。

只要仔細觀察，便發現六親見驛馬，盲點甚多。

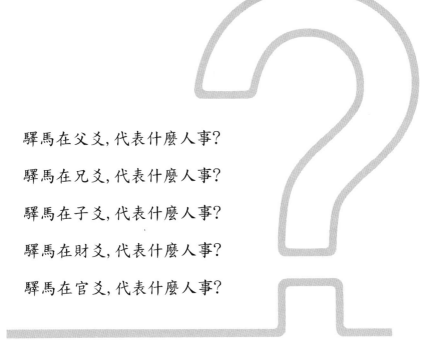

驛馬在父爻, 代表什麼人事?

驛馬在兄爻, 代表什麼人事?

驛馬在子爻, 代表什麼人事?

驛馬在財爻, 代表什麼人事?

驛馬在官爻, 代表什麼人事?

在易卜運用上，驛馬與六親，彼此無法連線，關係存在距離。驛馬是神煞，神煞跟卦爻，兩者系統不同，硬將他們扯在一起，便有格格不入的感覺。有時，易友會問，如驛馬臨兄爻，是否可解釋為出門破財？筆者可以大膽說一句，必錯九成，餘下一成，只是撞中。

卦由六爻組成，不去分析世應、用神、卦身的關係，而獨取驛馬一爻作論斷，合理嗎？

不去審查日辰、月建對六爻的生尅，而單看驛馬兄爻的意象，合理嗎？

大家不妨多加思索，定會明白筆者所講。

《卜筮正宗》的出行章節，沒有用上驛馬，其推斷方法，離不開世應、卦身、用神、動爻等運用。

　　本人猜測，「祿馬羊刃」在易卜中出現，主要是編者對六爻的認知不足，以為任何術數，都可以用上「祿馬羊刃」，故在裝卦部份，附加歌訣，後人不察，依樣葫蘆，真的可謂多此一舉！

## 【二十七】「妖孽賦」

筆者天生膽小，少年時期，極害怕踏足醫院、殯儀館、墳場等地。有時長輩患病，或清明掃墓，也無法避免，人在場中，總覺渾身不自在！筆者雖然膽小，對神秘事物，卻十分著迷。童年時期，愛蓋著被聽鬼故，聽到滿頭大汗；下課後，與同學上山探險，行防空洞捉蝙蝠；長大後，又迷上外星人故事。

翻閱《卜筮正宗》，在內文看到這篇「妖孽賦」。在中國神話故事中，妖孽經常出現，他們有好有壞，因而引起筆者注意。筆者來回讀了數遍，只見文字，沒有註解，心有不甘，便求諸網上。

網上無崖，資料海量，找到了多篇「妖孽賦」，不過每篇賦文，都被加上標點，而標點位置，卻篇篇不同。由此推論，貼文者們的見識、學歷、經驗和智慧，影響他們解讀賦文。既然各有觀點，各有想法，其標點落處，自然有所不同。

　　他們本意雖好，但加了標點後，卻不作解釋，當然是美中不足。究竟標點是對還是錯，相信連他們自己也無法肯定，這樣，又叫讀者們如何求證呢？

　　筆者看後，如刺在背，感覺不安！

## 《妖孽賦》原文

乾蛇鬼　巳冲刑　蓬火赤腳夜驚人　化豬化馬作妖精 多拮据宅不寧　匿釵賴鏡損人丁

坎蛇鬼　午來冲　沒頭沒尾成何用　黑而矮又無蹤柁槳弄 水空聲鬧

艮蛇鬼　若遇申　妖聲似犬夜喤喤　空中常拍手家鬼弄家 人　狗作怪家業傾　拋磚弄瓦何曾定喤喤（即泣聲）

震蛇鬼　酉冲刑　空中椅桌動聞聲　踢踏響似人行大蛇常 出現　窯器響驚人，桶箱作孽人丁病

巽蛇鬼　亥又冲　雞聲報爆火　鬼怪起狂風縊死之鬼擾虛 空　床下響及房中

離蛇鬼　子來刑　鍋釜作妖聲　空中忽見火光焰紅衣者是 何人　年深龜鱉已成精

坤蛇鬼　冲遇寅　鍋竈上作妖精　似牛嘆氣似亡人虛黃 大肚鬼出現不安寧。竈即灶

兌蛇鬼　受卯刑　空中歎氣重而輕　羊出現獻嘴瓶骨殖若 暴露　刀石更成精　移南換北動亡魂

古籍中找不到「妖孽賦」解釋，網上原文標點又不確，令人看後似懂非懂。筆者才疏學淺，但求知欲強，廢寢忘餐，花了數天時間，反覆把賦文推敲，最終才掌握內容含意，明白當中道理。

執筆行文千斤重
註解費神白髮豐
唯恐誤解文中意
有負六爻世代功

本人胸無大志，只喜拆解疑難，既然賦文理路已通，亦希望替後學解困。註解賦文，或有缺漏，若盡了本分，也無愧於心。此篇註解，沒有驚世文字，只有筆者誠意，後學讀之，亦有裨益。

做好自己
無愧於心

《妖孽賦》註解

　　筆者曾習風水，對八卦之方位與五行，略懂一二，估不到對理解這篇賦文，幫助很大。

　　看似複雜，其實要點在每段的開首兩句。例如「乾蛇鬼，巳沖刑」。第一句定八宮，第二句找地支，然後分析兩者關係，一切自會清楚明白。

現在，筆者按原文，加上標點，逐段分析。

乾蛇鬼，巳沖刑，蓬頭赤腳夜驚人，化豬化馬作妖精，多拮据，宅不寧，匿釵賴鏡損人丁。

〈註解〉

乾蛇鬼，巳沖刑

「乾」是宮，即乾宮。

- 風水依八卦，一卦三山，共分二十四山。

乾是八卦之一，乾卦也有三山，即戌、乾、亥。

「蛇」屬獸

- 蛇即騰蛇，六神之一。

- 騰蛇主怪異。

「鬼」為六親

● 鬼是官鬼的簡稱。

● 官鬼是妖、是鬼。


「巳」為地支（日、月、化出爻辰）

● 巳沖刑。巳火沖尅之爻，非「亥」無疑。

● 即巳沖「亥」。

「乾蛇鬼，巳冲刑」這兩句意思，是指地支「巳」火，冲乾宮「亥」水，亥水臨騰蛇官鬼爻，即冲動官鬼，鬼怪出現，所以首句，才有「乾蛇鬼」之說法。

### 蓬頭赤腳夜驚人，化豬化馬作妖精

- 「化豬化馬」，泛指化作不同駭人形相的妖精。

- 妖精頭髮散亂，赤裸著足在夜間四處嚇人。

### 多拮据，宅不寧

- 當人滯運時，才會遇上妖精，生活困苦，朝不保夕。

- 家中常因小事而喧鬧不休。

### 匿釵賴鏡損人丁

- 有些妖精，不在夜間嚇人，反而匿藏在頭飾或銅鏡內，等待時機，謀害他人。

坎蛇鬼，午來沖，沒頭沒尾成何用，黑而矮又無蹤，柁漿
弄水空聲鬧。


〈註解〉

坎蛇鬼，午來沖

「坎」是宮，即坎宮。

- 坎卦三山 - 壬、子、癸。

- 卦用地支，因此坎卦只有「子」可用。

「蛇」屬獸

- 蛇即騰蛇，為怪異。


「鬼」為六親

- 鬼是官鬼，為妖為鬼。

「午」為地支（日、月、化出爻辰）

- 午來沖。午火沖坎宮子水。

- 正是子午沖。

「坎蛇鬼，午來沖」意思，是「午」火沖坎宮「子」水，其實是子午沖，螣蛇鬼爻受沖，鬼怪出沒。

「坎蛇鬼，午來沖」

- 坎卦包含「壬子癸」。

- 午來沖子，其實是子午沖。

*沒頭沒尾成何用，黑而矮又無蹤，柁槳弄水空聲鬧。*

- 水鬼身形又矮又黑，輪廓模糊。

- 分不清他那邊是頭，那邊是尾。

- 不時聽到木扙撥水的聲音，令人不安。

艮蛇鬼，若遇申，妖聲似犬夜喤喤（即泣聲），空中常拍手，家鬼弄家人，狗作怪家業傾，拋磚弄瓦何曾定。


〈註解〉

艮蛇鬼，若遇申

「艮」是宮，即艮宮。

- 艮卦三山－丑、艮、寅。

- 卦用地支，因此艮卦只有「寅」可用。

「蛇」屬獸

- 蛇即螣蛇，為怪異。


「鬼」為六親

- 鬼是官鬼，為妖為鬼。

「申」為地支（日、月、化出爻辰）

- 申來沖。申金沖艮宮寅木。

- 正是寅申沖。

妖聲似犬夜喤喤，空中常拍手，家鬼弄家人，狗作怪家業傾，拋磚弄瓦何曾定。

- 聽到似狗的低泣叫聲，是狗妖。

- 若在家中聽到拍手掌的聲音，這是家鬼。

- 如果是狗妖作怪，總在夜間拋磚弄瓦，擾人安寧。

- 此刻，當事人運氣差，甚至家業傾敗。

震蛇鬼，酉沖刑，空中椅桌動，聞聲踢踏響似人行，大蛇常出現，窯器響驚人，桶箱作孽人丁病。


〈註解〉

震蛇鬼，酉沖刑

「震」是宮，即震宮。

- 震卦三山 - 甲、卯、乙。
- 卦用地支，因此震卦只有「卯」可用。

「蛇」屬獸

- 蛇即螣蛇，為怪異。


「鬼」為六親

- 鬼是官鬼，為妖為鬼。

「酉」為地支（日、月、化出爻辰）

- 酉來沖。酉金沖震宮卯木。

- 正是卯酉沖。

空中椅桌動，聞聲踢踏響似人行，大蛇常出現，窰器響驚人，桶箱作孽人丁病。

- 在家中，看到椅桌凌空轉動。

- 聽到似人的腳步聲。

- 或發現大蛇，並把陶瓷器弄響，將人在睡夢中驚醒。

- 有時大蛇會鑽進桶或箱中去嚇人。

- 種種怪異現狀，把家人嚇病。

巽蛇鬼，亥又沖，雞聲報煬火，鬼怪起狂風，縊死之鬼擾虛空，床下嚮及房中。


〈註解〉

巽蛇鬼，亥又沖

「巽」是宮，即巽宮。

- 巽卦三山－辰、巽、巳。

- 卦用地支，巽卦有
  「辰、巳」

- 兩支可用。

- 「巽」卦代表籬、繩索。

「蛇」屬獸

- 蛇即騰蛇，為怪異。


「鬼」為六親

- 鬼是官鬼，為妖為鬼。

「亥」為地支（日、月、化出爻辰）

- 亥來沖。亥水沖巽宮巳火。

- 正是巳亥沖。

雞聲報煬火（即烈火），鬼怪起狂風，縊死之鬼擾虛空，床下嚮及房中。

- 在炎熱的室內，突然刮起強風。

- 吊頸鬼出現，懸於虛空中。

- 他在房中和床底，發出聲響。

*離蛇鬼，子來刑，鍋釜作妖聲空中，忽見火光焰，紅衣者是何人？年深龜鱉以成精。*

〈註解〉

*離蛇鬼，子來刑*

「離」是宮，即離宮。

- 離卦三山 - 丙、午、丁。

- 卦用地支，離卦只有「午」可用。

「蛇」屬獸

- 蛇即螣蛇，為怪異。

「鬼」為六親

- 鬼是官鬼，為妖為鬼。

「子」為地支（日、月、化出
爻辰）」

- 子來沖。子水沖離宮午
  火。

- 正是午子沖。

釜作妖聲空中，忽見火光焰，紅衣者是何人？年深龜鱉以
成精。

- 妖怪把煮食器具弄響。

- 又見火焰橫空而過。

- 忽然飛來一個穿紅衣的女子，猜猜她是誰？
  若無猜錯，她一定是千年龜精。

坤蛇鬼，沖遇寅，鋼寅上，作妖精，似牛嘆氣似亡人，虛黃大肚鬼，出現不安寧。

〈註解〉

坤蛇鬼，沖遇寅

「坤」是宮，即坤宮。

- 坤卦三山－未、坤、申。

- 卦用地支，坤卦有「未、申」可用。

「蛇」屬獸

- 蛇即騰蛇，為怪異。

「鬼」為六親

- 鬼是官鬼，為妖為鬼。

「寅」為地支（日、月、化出爻辰）

- 寅來沖。寅木沖坤宮申金。
- 正是寅申沖。

*鍋寅上，作妖精，似牛嘆氣似亡人，虛黃大肚鬼，出現不安寧。*

- 妖精喜在廚具上作聲。
- 他的聲音，有時像牛在嘆氣，有時像臨死的人發出微弱的呼吸聲，這是體弱大肚鬼。
- 當事人遇上，必主家宅不寧。

兌蛇鬼，受卯刑，空中歎氣重而輕，羊出現，獻嘴瓶，骨殖若暴露，刀石便成精，移南換北幼亡魂。


〈註解〉

兌蛇鬼，受卯刑

「兌」是宮，即兌宮。

- 兌卦三山－庚、酉、辛。

- 卦用地支，兌卦有「酉」可用。

- 「兌」在八卦中，代表少女。

「蛇」屬獸

- 蛇即螣蛇，為怪異。

「鬼」為六親

- 鬼是官鬼，為妖為鬼。

「卯」為地支（日、月、化出
爻辰）

- 卯來沖。卯木沖兌宮
  酉金。

- 正是卯酉沖。

空中歎氣重而輕，羊出現，獻嘴瓶，骨殖（即屍骨）若暴
露，刀石便成精，移南換北幼亡魂。

- 聽到空中傳來重而輕的歎氣聲。

- 夢見有羊出現，把嘴裡含著的瓶子送到你跟前，原來是
  一堆屍骨。

- 這是死去少女，成精後，在你家中作怪。

　　假使讀者發現筆者的註解有誤或欠完整，不妨指正及
補充，這樣，易卦之學，才可延續開去。

第五章　閒談零碎

# 【二十八】卦的局限

　　每門術數，各有特色，各有精彩，在預測範圍內，必有神來之筆，斷事精準無誤。以八字和斗數為例，主要預測個人運勢，其吉凶禍福，可以按命盤資料，一一道來。

　　測命之術，用於個人，不宜套用在風水上，若然，尤如囫圇吞棗，吉凶難料！明乎此，便知術數非萬能，有其局限性，不可越界而行。

　　象數易是一門術數，也有其局限的一面。易卜應用範圍雖廣，但面對相同問題。易卜分兩部份。其一，斷事為主；其二，家宅風水。對於個人的一生預測，不是其預測範疇！

　　占事業、占姻緣或占財運，可預測某君在某年某月某日的運氣走勢，及其將會生起的變化。只要掌握得好，準確度高。易卜克應，多以一年為限，其應期可以是「時」、可以是「日」、也可以是「月」。

　　所以，想學易卜的朋友，先要明白它的特點，才決定適不適合自己去學。

家宅風水

個人斷事

以占某天恆指走勢為例。

要看卦中用事爻是被生扶拱合還被是刑剋沖害，才可斷定當天大市的升降，而卜者不可用此卦象來預測隨後數天的股市走勢，就算結果如你猜測，或升或跌，亦不能作準，因為這一切，只是卜者一廂情願的想法，完全失去理據支持。

人生沒有完美，事物總有缺點。所以，易卜運用，哪會無缺無陷呢？易卜的缺點，是沒法占算個人的一生運程，也沒法像正統風水般進行五行佈局。任何術數，只要做好自己的本份，已是一門很好的學問。

故此，我們要欣賞和敬重各門術數，並嘗試尋找它們之間的共通點和相異處，這樣，才能互補長短，發揮每門術數的最大功能。

## 【二十九】卜卦工具

　　傳統易卜者，採用占卜工具，十分簡單，只需三個銅錢，一個龜殼，再加一紙一筆，便可成事。其後，不少習卜者同時學佛，避免殺生，以竹筒代替龜殼。因為用具簡單，可隨身攜帶，不論身處何地，他們都可隨手占卜，非常方便。

　　隨着學卦者日增，仿制龜殼應運而生，其實，任何一個容器，能讓三個古錢在內裡翻動，便可採用。

176

筆者遵從導師建議，採用竹筒卜卦，目的非常簡單，除了避開殺業因果外，還可在搖卦同時，傳來陣陣竹香，讓人心境安穩。

　　談到古錢，可多說一點。最普遍的古錢是清代錢板，其外形圓而中有方孔。用來占卦，無論銅錢是真、是仿製，或是流通輔幣，祇要是金屬製造，皆可取用。不過，卜者要明確分辨 「字」與「背」兩面，才可定出『單拆重交』四種狀態。

　　銅錢的功用，是作為與宇宙氣場溝通的工具，無須執著只用古錢。占算靈驗與否，不在乎工具的好壞，而在乎

177

卜卦者和問卦者的誠意，所謂「心誠則靈」是也。

建議卜卦工具：
- 銅錢三個
- 卦筒
- 白紙
- 筆 （鉛筆、原子筆）
- 碟子 （盛載銅錢）
- 通書 （查陰曆）

# 【三十】判卦準則

醉心術數的人很多，而鍾情易卜的朋友亦不少，因此，他們喜歡從不同渠道，去尋找學卦門路。個人認為，每個人有自己的獨有軌跡，習卜者能否遇上名師指點？真的要講緣分。坊間師傅無數，傳授方法個個不同；習者人數雖多，理解能力人人有異。各有各教授，各有各理解，因而教與學都出現問題，判卦人人不同，解釋個個有別。

自教學以來，不時收到讀者電郵，附有卦例及分析。看後，不禁倒抽一口涼氣！卜者占卜，有己準則，判卦方法，別具特色。筆者不才，沒資格下評論，不過，有些準則，大家應該是一致的。為了讓讀者易於明白，筆者提出部分準則，與大家討論：

179

## 用神問題

用神是占問事情的主事爻。例如，占生育，以子爻為用神；占升職，以官爻為用神。

讀者卦例是占創業，不知何解，竟以「父爻」為用神，真的摸不著頭腦！傳統上，不論占事業，占生意還是占創業，皆以「官爻」為用神。

筆者經驗，創業是由零開始，需要不斷投入人力和金錢，故此，原神「財爻」比官爻更重要，簡單來說，一切無財不行。業務開始後，若沒有理想銷售，哪來資金週轉呢？

占問：　Cato占創業
得卦：　雷天大壯

| 六親 | 卦象 | 飛神 | 伏神 |
|------|------|------|------|
| 兄 | II | 戌 | |
| 子 | II | 申 | |
| 父 | I | 午 | |
| | 世 | | |
| 兄 | I | 辰 | |
| 官 | I | 寅 | |
| 財 | I | 子 | |
| | 應 | | |

用神

180

卜者猜想，讀者考慮問事人身分，他是老闆，取「父爻」為用神最適合，若然如此，他不是一個心思細密的人。問創業，一切仍未開始，問事人只是一個普通人，故不應取「父爻」作推斷。

占問：　　Jenny占創業
得卦：　　雷澤歸妹

| 六親 | 卦象 | 飛神 | 伏神 |
|------|------|------|------|
| 父 | II | 戌 | |
| | 應 | | |
| 兄 | II | 申 | |
| 官 | I | 午 | 亥子 |
| 父 | II | 丑空 | |
| | 世 | | |
| 財 | I | 卯 | |
| 官 | I | 巳 | |

占創業，遇上世應同持「父爻」，因為時空不對，世父爻旬空，表示他還未當上老闆；若應父爻旬空，又應該怎樣解讀？有興趣的朋友，不妨細心想想。

世應用途

現今世代，知世應用途的人，其實不多。京房訂立世應，目的只有一個，就是確立主幹。這條主幹，骨肉相連，正是斷事中心點。

再取讀者另一卦例討論。

占問: Ken占創業

得卦: 山雷頤(巽7) 化 火雷噬嗑(巽6)

| 六獸 | 六親 | 卦象 | 飛神 | 伏神 | 變卦/後六親 |
|---|---|---|---|---|---|
| 勾 | 兄 | I | 寅 | | |
| 朱 | 父 | II | 子 | 巳子 | |
| 龍 | 財 | X | 戌 | | 酉官 身 |
| | | 世 | | | |
| 玄 | 財 | II | 辰 | 酉官 | |
| 白 | 兄 | II | 寅 | | |
| 蛇 | 父 | I | 子 | | |
| | | 應 | | | |

占創業，用神官爻反映公司發展和名聲遠近；原神財爻用來了解資金多少或銷售情況。

真不明白，卦例世持青龍財爻，讀者推斷當事人經營外國高檔產品。或者，青龍主得遠方，他才有這樣的解讀。在善卜者角度，真是牛頭不搭馬嘴的判斷。

卦例分析：

- 占創業，青龍財爻臨世，青龍主巨大，財爻主資金，主投入雄厚資金。

- 世剋應，財剋父，螣蛇父爻主煩惱，創業過程中，一切難題，以金錢來決。

- 世財化官，成「戌酉害」，為近身之賊，在創業期間，被信任的人，上下其手，導致嚴重的金錢損失。

- 世化出官爻，也主官非，因卦身所在，其禍尤烈。

- 綜合卦象，創業不但招致巨大的金錢損失，也可能惹來官非。

假使讀者有穩健的易卜基礎，一眼便看到世應關係，而且世爻發動，把卦中重點帶出。看其判斷，已知他不明六爻的主幹運用。他將注意力，放在意象上，但對神獸意象，又一知半解，根本無法串通主幹與分支的佈局與含意。對懂易卜的人說來，總是百思不得其解！

誰懂？

## 【三十一】以卦啟蒙

經常遇到朋友問上同一問題，究竟學習哪一門術數最好？其實術數沒有好不好，找合適自己的便是。流傳下來的術數，種類眾多，有太乙、六壬、奇門、河洛數理、紫微斗數、六爻占卜、梅花易數、鐵板神數、演禽法、四柱、面相、手相、骨相、字相、風水術………。

每門術數都有特點，各門學問皆有則重，只要學得深入，領悟透徹，門門都是好術數。每個人悟性不同，能力各異，除了明白自己的需要外，還要知道各種術數的專長，挑一門自己鍾意的去學，學習起來才會更加起勁，效果特別顯著。

有人喜歡八字，鍾情五行的運用；有人喜歡斗數，喜歡星系的推斷；有專注風水，沉醉佈局的研究。學習那門術數，應隨個人喜好，無用費煞思量。個人認為，要學好一門術數，既要打穩基礎，也要實戰練習，因為實戰印證，往往比任何理論和訣法重要。

如果你是個初學者，筆者建議先學易卦。易卦分為義理和運用兩種。卜者得卦，先從義理入手，翻查典籍，了解卦象，得知事情取向，若想判斷精準，需要運用六爻，拆解人事，推演變化，定其得失。

　　「義理」和「運用」，一用爻辭，一用五行，兩者結果，可以互參。經過長時間的學習和考證，既可鞏固五行基礎，同時加強事情推理，卜者自可掌握卦爻變化，作出準確判斷。

　　基本上，術數離不開五行運用。學易卜時，弄通了五行基礎，學習其它術數，便可得心應手。無論你穿梭於何種術數，此刻已不成問題。到時，選擇那一門術數來學，悉隨專便。

## 【三十二】占卦守則

「先天八卦為本，後天八卦為用」，八卦於大自然中取象，而內藏陰陽，兩氣交通，演化成森羅萬象，藉著八八六十四卦的變化，演繹種種事情出來。象數易的應用，比傳統易卦為晚。象數易以後天八卦為基礎，再加入五行，使其推斷運用，更廣更闊，用來斷事，準確度高。

易卜是一門學問，也是一門術數，亦是一門預測。爻有陰有陽，排列由下而上，剛中帶柔，柔中有剛，立於天地，有著凜然正氣。可以說易卦是正道之學，替好人解困，讓善人添福。所謂「地靈人傑，心誠則靈」，用卦者須心持正念，才能卦出精準。假使機關算盡，欲藉六爻奇驗，謀一己之私，或替匪徒消災，有謂「機深禍更深」，相信財未得而禍先臨也！

前賢為了警戒後學不要胡作非為，為易卦占卜定立守則，冀望習者遵守，免生禍端。

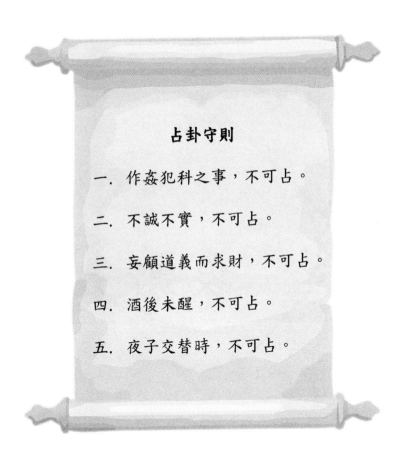

### 占卦守則

一. 作姦犯科之事，不可占。

二. 不誠不實，不可占。

三. 妄顧道義而求財，不可占。

四. 酒後未醒，不可占。

五. 夜子交替時，不可占。

假如明知不可占而占之，一切後果，皆要自負。

習易卜已二十多年，在這漫長的過程中，遇到不少同好，他們醉心易學研究，看在筆者眼內，心底裡有說不出的喜悅！正所謂人多好做事，在可見之將來，或許能集眾人力量，把這門學術，推而廣之。

象數六爻

到時，象數易之六爻預測，將會被逐步更新。因為習

卜者的新思維、新見解，再配合眼前環境，重新演繹六爻，重新理解卦象，這種情況，是筆者最期待見到的。

許多時候，主觀的願望，卻被無情的現實，狠狠地撕破。一般人對易卦產生興趣，緣於學易卦的起步，較其他術數容易。求卦簡單，裝卦不難，只需按著幾個步驟便可完成，更重要的一點，占卜不須要當事人的出生資料，令人解除戒心，放心問事。

課堂上，有師傅帶領，習卜者分析卦象，有條不紊，說得頭頭是道。「卦」在他們的心中，運用沒有難度，因此他們對易卦的追求，更是與日俱增。

信心

是否真的沒有難度？還是看看實際的情況而定。

近年，留意到身邊學卦的人或論壇上的易友，在沒有人的指導下，面對一支普通卦象，亦無從入手，作出簡單判斷。假使習者無法走進卦內，了解六爻意藏，對他們來說，是一個極大的打擊，久而久之，恐懼由心底浮現，故此，學卦越久，越失自信。最終，出現了一個怪現象，就是學易卜者多，解釋卦象者少。他們失去方向，眼前卦象，變得模糊，無法掌握重點，判卦信心越來越小，人如魂遊太虛，茫茫然不知所以！

學卦除了要保持心境平靜外，還要取用正確的推斷法則，否則，習卜者只知追逐「用神」吉凶，而忽略了整體得失，便容易失去判卦重點。

卦中六爻，看似簡單，其實蘊含萬千意象。六爻寂靜，內裡有說不盡的千言萬語；若然一爻起動，尤如千重疊浪，洶湧而至，若能知其法則，自可在浪裡穿梭，找到出路。

　　讀者要明白，無論卦象怎樣變，其判斷法則永遠不變。雖千變萬變，也逃不出六爻相連於一線。這刻，卦象在你眼前，只不過是一幅一幅的立體圖象而已。

## 【三十四】術數之異同

　　從大方向來看，術數本身是一體。一體的意思，即所有術數的功能設計，朝往同一方向，替人預測過去與未來。其實，人們尤如一張白紙，不明白自己為何身處困局，也無法估計未來的運氣走勢？他們在無力感的驅使下，求之於術數，希望了解人生，避過厄運。

　　八字、奇門、易卦、紫微斗數，甚至是玄空風水，它們的功用，是用來預測某人某事，但是筆者亦不得不承認，各門術數都有其預測的側重性。

斗數與八字，其設計功能，偏重預測個人運程。斗數命盤中詳列十二宮，在推算時不易迷失，而八字利用天干地支的五行生剋，來推敲人生吉凶，兩者取用不同，推斷模式卻一致。

兩門術數，均以原局為基礎，步入大運流年，斗數按四化變化，八字按生剋制化，看其力量增減，推斷事情得失，橫看人生起跌。

風水之學，以大局為本，乘運者為強，再配以星盤，判斷吉凶。聽聞有些高手，稍將屋內間格改動，便可收補救作用，令宅主及其家人，能從壓力下、是非裡，或厄運中改善過來。

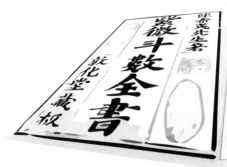

易卜以斷事為主。卦象六爻不像斗數或八字，可計算某人的一生運程，也不像玄空風水，可作出風水佈局。表面看來，易卜的局限性很大，其實不然，它擁有巨大的生命力和靈活性。

　　以「M 占與 G 女緣份」為例。易卜可徹實地告訴你，G 女是不是 M 的女神？還是他人生旅程中的一個過客，而其它術數，只能預測到某年某月，M 有結織異性的機會。在斷事方面，易卜可能比斗數或八字，判得更加細緻。

易卜另一特點，就是沒有課題限制，任何事項都可以占。無論是占事業、占感情、占姻緣、占婚姻、占家運、占創業、占投資、占疾患，甚至是占股市、占球賽、占賽馬、占尋人或占尋物。易卦獨有的靈活性，是其他術數欠缺的。

每門術數，有其優點。人們可因應自己的興趣，學習不同術數。筆者個人認為，只要用心鑽研，必有所得着，而當中趣味，只有習者自己，才能體會得到。

## 【三十五】談習者占卜

筆者從不同渠道，搜羅初學者卦例，研究他們的判卦技巧，發覺他們在推斷過程中，有些重點要領還未弄得清楚，以致推斷時準時不準，失去判卦信心。

現在，筆者嘗試列出數項，讓讀者多加留意。

## 定題不準

初學者定題，可能受古書影響或受人為誤導，定題總是定得模棱兩可，在判卦時，容易對錯癲倒。其中一項，就是將題目加上「可否」、「能否」、「是否」等字，例如「占姻緣可否」、「占出門得財否」、「占是否有第三者」、「占阿弟病能否痊癒」等等。這類定題，令世應意象混亂，很難判斷準確答案。

筆者建議初學易卜的朋友，在占卦前，先想想占問事情是屬何種類，才能定出恰當題目。

關於定題方面，大致可劃分如下：

關於工作，定題為「占事業」；

關於感情，定題為「占姻緣」；

關於夫婦，定題為「占婚姻」；

關於錢財，定題為「占財運」；

關於開創，定題為「占創業」；

關於失蹤，定題為「占尋人」；

關於失物，定題為「占尋物」；

關於讀書，定題為「占學業」；

關於身體，定題為「占健康」。

## 用神不確

錯取用神是另一問題。

每個題目占問，有一個相應的爻辰，稱為用神。用神即主事爻，可看占問事情的好壞。事實上，一般初學者都不大懂取用。

現舉些例子，方便讀者參考：

占事業，以「官爻」為用神；

占財運，以「財爻」為用神；

占婚姻，以「父爻」為用神；

占出門，以「子爻」為用神；

占姻緣，男以「財爻」為用神；

占姻緣，女以「官爻」為用神。

假使卜者取錯用神，六爻推斷，難免失準。

## 排卦混亂

如果讀者有留意，不少卜者常犯的錯誤，是排錯飛神，弄錯六親或裝錯六獸，而化爻後六親，他們永遠是配錯的。

*不懂六爻鋪排，哪知爻辰意藏？*

初學者不熟識裝卦，就不明白飛神、六親、六獸三者層層疊加的意象，更不明白爻辰變化的重點。

排卦程式充斥市面，只要輕輕按鍵，便排出一支卦來，方便快捷。若初學者習慣以程式取代人手，他們對裝卦程序，全然不知，判卦很難有大進步。

### 卦爻失位

　　初學者卜卦，心浮氣躁，專注力不足，他們開卦時，心神不定，亂搖卦筒，或一面說話一面搖卦，因此，他們卜出來的卦象，大部分都是問非所答。

　　何解？因為用神永遠跌出世、應、卦身三位之外，斷卦既失去重心，卜者又怎能作出準確的判斷呢？

## 解卦無法

　　或者很多學卦朋友，依古書法則裝排卦爻，按判卦方法爻爻去解，因而把原整卦象，弄致支離破碎，令人慘不忍睹！他們全不知道，古書陷阱，多如牛毛，無人指點，不知對錯。

　　每門易卜推算，皆有其法可依，只要找對了師傅，自然學有所成。如果讀者對「象數易」有興趣的話，可參看拙作《象數易六爻透視-入門與推斷》，書中的「推斷五大綱領」，是筆者的研究心得，正是判卦的要點，只要多練習、多推敲，便可掌握竅門。

　　「推斷五大綱領」是象數易之神髓，沒有它，卜者未必可以將卦象解得通透。

　　只要習者能改善以上陋習，他們在易卜途上，定可更上層樓。

## 【三十六】談電腦開卦

　　象數易是易卦分支，秉承道家思想，對易卜程序，十分講究，故此象數易占卜，講求天人合一，著重手動搖卦，這才算合度。何解？卜卦須專注心神，在搖動卦筒時，與虛空連繫，接收訊息，更藉著三個銅錢的「單拆重交」組合，配卦成象，用來預測事情的吉凶。

　　假若卜者心神散亂，在占卜過程中，無法與虛空接軌，所得卦象，皆是模糊。試問，卜者怎能在六爻中獲取正確訊息？在爻辰錯亂，卦象不真的情況下，推斷卦象，已全無意義！

現代人做事講效率，一切要快快快，自開發了卜卦程式，卜者們一窩蜂採用，這種方法本無不可，但其準確程度如何？仍然存疑。

　　用電腦卜卦，除了卜者貪快外，也可能他不懂裝卦。坦白講，利用程式取卦，卦雖可得，但卦象是否正確，還有待大家去印證。

電腦開卦，要留意下列兩點：

- 電腦是機械，利用電腦程式卜卦，屬於機械
  操作，在開卦過程，失去了手動搖卦的意識
  感應。

- 電腦不同人，它沒有意識，也沒有感覺，純粹是一
  支沒有生命的卦，失去了卜者的意象反射。此刻，
  需不需要更改用神來配合？至此未有定案。

直至現在，電腦卜卦的準確度，無人作出肯定。假使卜者採用電腦取卦，而問事人深信無疑，又依卜者行事，有可能會進退失據，甚至落得身敗名裂的下場。試問，卜者於心何忍？

　　每門每派的術數，有自己獨特運作模式和應驗方法，不可用其他方法取代。習者不要自作聰明，把各種方法混合使用，若然，只會把事情，弄至對錯難分。

## 【三十七】占家宅

中國人的家庭觀念濃厚，傳統以大家庭為主，時移世易，這種親密關係，已不再復見。今天社會，以小家庭為主，一屋一伙，各自為政。不過，人們重視家庭的觀念，始終沒有改變。

每年伊始，人們喜歡探訪術士，採用不同預測方法，為其家人推算來年的吉凶禍福。若以「家庭」作為一個單位來推算，易卜之術，確實是不二之選。

　　易卦有「占家宅」課題，家宅卦跟其他題目不同，它具有一卦多斷的優點，可以配合家宅卦的多向性。家宅卦可看該宅之好壞、新舊，也可看宅員之財運、工作、健康、姻緣、婚姻等事。筆者從古籍中，找到有關資料，奈何所有應驗皆發生在古代。無論古今文化、體制、生活、習慣已大大改變，我們不可以囫圇吞棗，硬將古法套用在現今的社會形制上。

　　任何術數，要經過研究、吸收、調整三個步驟，才可將古訣或古法，運用到現代社會裡。同時，大家可以記錄更新後的古訣準確度，方便後學跟進。

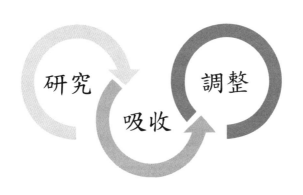

研究　吸收　調整

【易隱】和【卜筮正宗】兩書中，均有記載家宅占卜的資料，有興趣的朋友不妨一讀，在斷卦時可增添不少趣味。

　　兩書中，提及很多有用資料，節錄部分如下：

「刑沖剋害，住者尤凶」

「助鬼傷身，財多何益」

「有財無鬼，耗散多端」

「有鬼無財，災生不已」

「內外卦均旺相，人宅興隆」

「內外子孫生世位，多招財物」

「卦分為內卦外卦，內卦二爻為宅，
外卦五爻為人」

占家宅，世爻、應爻、卦身、宅爻等，均喜見子爻與財爻，可視為佳美。假如兄爻、官爻或父爻乘旺入位，反是不妙，此刻宅員面對之煩惱、災病與破敗，皆無法避免。

用易卜來占家宅，只可推斷某宅年內吉凶。若然想知道整宅的風水好壞，還是採用正統風水方法為宜。

## 【三十八】易卜擇樓

門門術數，各有精彩，只要習者學得精用得好，便能將其所學，發揮得淋漓盡致。中國文化深厚，傳下來的術數種類繁多，而預測重點有同有不同。大家熟識的術數，八字與斗數善測個人運勢，玄空與八宅專注家居風水，面相與手相可看氣色好壞，還有奇門遁甲、梅花易數、火珠林等，預測方向廣泛。

易卦以測事為主，當中象數易卜，利用六爻五行，推斷事情，特別深入細膩。以 A 君置業為例，可從八字或斗數的流年盤中找到端倪。若問哪一個單位適合 A 君呢？相信這兩門術數，未能提供肯定的答案。

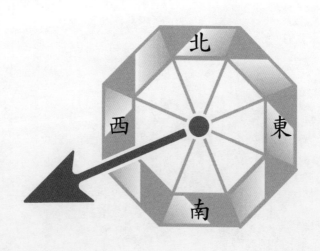

或許，有人建議找位風水大師，先量度坐向，合適才買，不是很妥貼嗎？讀者想想，勞動大師，除要預約外，還要支付昂貴費用，如看十個八個單位，所費不菲，即廣府話：「未見官先打三十大板也！」

　　在這環境下，占卜起了很大的作用。A君只需要提供該單位的地址，便可替他起卦。從卦象組合中，已可推斷單位對他是否有利？或入住後，家人生活是否和諧？或對事業發展有否幫助？

有時，也可從爻辰結構中，得知某些單位氣場不佳，甚至內有陰靈，便勸當事人另作他選。

憑經驗，用卦來揀選住宅，大廈坐向納氣，十居其九，都是理想。只要配合簡單的風水佈局，宅主及宅員，都可以活得平穩愉快。

若讀者對這門易卜有興趣，不防學習一下，它是一門很有趣味性的術數。

## 【三十九】術數談

　　由古至今，術數在中國人的社會裡，佔有相當重要的位置。無論是七政四餘、子平八字、紫微斗數、奇門遁甲、象數占卜或玄空風水等等，均對人們的生活，有著深遠的影響。

　　人類愛好神祕，希望透過術數預測，窺探肉眼未能看見的事物，或助術者計算人事的成敗，世間能有幾人，去深究術數存在的義意呢？

　　每門術數的誕生，是因應時代的需要。每種術數，各具特色，各有規範，及各有獨特應驗方式，其實術數存在的目的，可歸納成四個字 – 趨吉避凶。

各門絕學，避免誤傳，挑選承傳人，非常嚴格。古有流傳，術數承傳，一代一人，並以口訣相授，導致口訣遺漏，後人猜度其意，自成門戶，演變成眾多門派。誰是正宗？誰是旁支？誰是自創門派？時至今日，無人可說得清楚。

　　不少學術數的朋友，還弄不清楚何謂「術數」。「術」者，學術也；「數」者，計算也。每們術數，起盤不困難，其基本內容，主要用來勾畫大概。術者怎樣準確地去推算大運與流年？才是重要的關鍵。

　　大部份人認為，自己所學至準至好。殊不知中、港、台三地，藏龍伏虎，他們不以術數行世，而不為人所認識而已。若以所學，耀於人前，早晚掉面。慎之！慎之！

　　現代人學術數，喜兼收並蓄，不喜專於一門。他們喜歡將各種術數，互相套用，以致門門術數，皆不得其門而入，因此浪費金錢和時間。

學術數者們，以為多學多能，便能知天下事，殊不知他們雜而不精，導致基礎不穩，又怎能掌握每門術數的精要呢？

所謂「百鳥在林不如一鳥在手」。若習者能專於一門，痛下苦功，並多練習和多印證，筆者相信，他們定能領略及掌握自己所學，達到預期的成果。

## 【四十】土王用事

學易卜的朋友,可能聽過「土王用事」這四字。什麼是「土王用事」?仍有很多人不知或一知半解,根本不清楚其由來及功用。

中國以農立國,十分重視節氣。一年分為四季,即春夏秋冬。四季以立春、立夏、立秋和立冬來區分。交節氣前十八天,稱為「土王用事」。這段時間,由現在氣場轉往下一氣場,氣場較為混沌,令人的情緒、身體或運程,都帶來或大或小的影響或波動。

今年是「己亥流年」,四季的「土王用事」分佈如下:
交「土王用事」日期
--------------------------------------
立夏　:　農曆　三月十四日
立秋　:　農曆　六月十九日
立冬　:　農曆　九月廿三日
立春　　農曆　十二月廿三日
　　　　(庚子年)
--------------------------------------
#所有資料,可在每年的「通書」中 找到。

# 己亥年春牛圖

年逢己亥音當木
豆麥燕吳宜大熟
麻縷絮絲處處縷
蠶娘採葉扳枝哭

男耕女織勤和儉
倉廩何難廣儲蓄
秋夏人民多橫逆
行仁修德沐天福

---

**地母經** ｜ **地母日** ｜ 春社 清明 秋社 冬至

**地母經**

歲逢己亥初
貧富少糧儲
蠶娘相對泣
採葉扳空枝
更看夏秋裏
蜂蝶滿村飛

桑麻淮魯吳
葉落天無蟲多死
豆麥宜大熟
春夏少燕子
秋冬草木枯
人民多橫起

蠶娘面無喜
稻稼穡不值錢
倉囷缺糧米

**地母日**

歲名謝燾天干屬土地支屬己昴日雞納音
國木歲德在甲歲德合在己昴日雞宿為暗
金伏斷八龍治水九日得辛五日得元帥牛耕
值年太歲謝燾德在甲歲德合在己昴日房宿為暗

二〇春牛身高四尺長八尺尾一尺
〇白尾右繳身黑腹青角耳尾黑脛白麻
蹄構子用桑柘木踏板縣門右扇用黃色〇
像神身高三尺六寸五分面如老人像芒
耳用紅衣黑腰帶平疏兩髻在耳前譬五
懸於腰鞭杖用柳枝長二尺四寸五分
色麻結芒神忙與牛並立於牛右邊
罨耳用左手提行纏鞋褲俱全左行纏

---

| |  |
|---|---|
| 春社 | 二月十六日 |
| 清明 | 三月初一日 |
| 秋社 | 八月三十日 |
| 冬至 | 十一月廿七日 |
| 初伏 | 六月初十日 |
| 中伏 | 六月二十日 |
| 末伏 | 七月十一日 |
| 分龍 | 五月廿一日 |
| 土王用事 | 三月十四日 |
| | 六月廿九日 |
| | 九月廿三日 |
| | 十二月廿三日 |

據說，古人利用此時段，幫助運蹇的人調整運氣，改善他們的運程。假使讀者正走著惡運，可以嘗試在交「土王用事」那天，抽空過大海，藉此洗去晦氣。回程時，晦氣去新氣藏，身體氣場換新裝，個人運氣亦隨之而得到改善。

交「土王用事」過大海的目的，令失運者改善運氣，也可令得運者保持好運。晉人郭璞所著的《葬書》，內有「氣乘風則散，界水則止」，其意可能就在此矣！

若然時間不許可，退而求其次，修修子甲或剪剪髮腳，也算是折衷之換氣之法。身邊有多位朋友，每年按「土王用事」日子過大海，詢問其成效，他們認為，不論財運或工作，都有所改善。此法雖無科學根據，但過大海花費無幾，又可以開開心心玩兩天，鬆弛神經，又不會影響他人。大家有空，不防一試！

## 【四十一】用神發動

　　易友是個問題中年，久不久便轉來新難題，命筆者解答。某天他約午飯，飯後拿出一張紙條，筆者打開來看，內裡字句，簡潔易明，但細看內容，其實並不簡單。

　　「巳月未日測事，用神申金動化酉，卦中無他爻生剋，用神是否有用？」

# 用神：申 - - - → 酉

　　文字涉及的層面，可以十分寬闊，不過要判斷準確，還要先理解下列兩點：

## 1. 用神位置

這段文字，沒提到用神落處。究竟用神臨世、臨應、臨間還是臨閒？不同位置，有不解釋，影響判卦，十分深遠。

世

間                                        應

# 用 神

　　應　　間
　　　　　　　世

間

2. 用神力量

　　用神能否取得力量？這又是另一問題。

　　按日月五行分佈，對用神產生不同的效應。

　　＊　月建合刑用神。

　　＊　日神生旺用神。

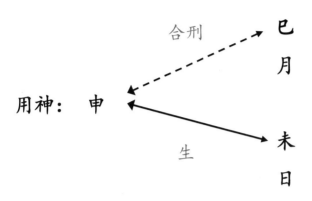

日月一生一合刑，究竟是吉是凶？沒有解釋。

假如弄不清以上兩點，判卦方向盡失。

從這句「用神申金動化酉，卦中無他爻生剋」理解，
這支卦必然是一爻動。

一爻發動，重點所在

按傳統原則，爻辰動不動，或多爻發動，斷卦角度，便有分別。此例是用神動，即一爻動也。一爻動，必取其動，故重點就在此矣。

文字最後一句寫著「用神是否有用」？

在一爻動的原則下，用神發動當然有用，不過，有用不一定可用。

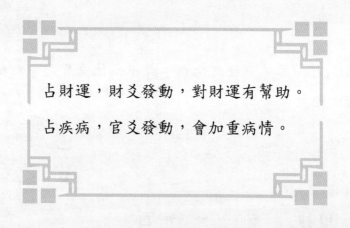

占財運，財爻發動，對財運有幫助。

占疾病，官爻發動，會加重病情。

占財運，用神動固然佳；占疾病，用神動便病至。兩種情況，用神有可用有不可用，讀者要認清占問課題，才可定奪。

用神發動後，還要考慮後六親問題，因為後六親的改變，許多時候會改變了結局。

# 用神：申 ---→ 酉

### 用神發動，六親改變

今時今日，還有不少朋友，不肯面對現實，仍然保持本卦卦氣來定後六親，這是人不變事不轉的思維，將所有人事都定了格。他們學術數，竟不弄清「漫天星辰隨時轉，日月交替日與夜」的道理，真令人黯然！

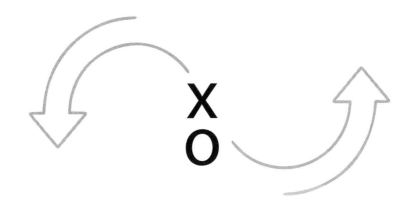

由於本卦與變卦的五行不同，化爻的後六親，必定不一樣，下舉一例，讀者便會明白。

男占　姻緣：

本卦五行定後六親：財 化 兄

變卦五行定後六親：財 化 父

本卦五行化兄，變卦五行化父，一兄一父，帶出不同人事景象、也帶出不同克應結局。

本卦五行之化爻克應

化爻意思：財化兄，兄為阻隔、朋友。

克應結局：・兄為阻隔，主姻緣受阻。

　　　　　・兄為朋友，主目標女性不能發展，只可維持朋友關係。

*變卦五行之化爻克應*

化爻意思：財化父，父為婚約、煩惱。

克應結局：·父為婚約，主男女交往，目的結婚。

　　　　　·父為煩惱，主感情往來，令人疲累。


若然明白用神發動，再了解六親變化，一切人事轉動，只是卜者手底下的銅幣，可任意把弄。

# 象數易課程

yuyanclub@gmail.com /
yuyan388@yahoo.com.hk

象數易占卜．六爻透視 Facebook

　　象數易即易卦，又稱文王卦。它利用六爻之五行、六親和六獸，將占問事情，立體地呈現在卜者眼前，也可透過六爻結構，推斷事情的得失成敗。它還有一個優點，可直接占卦，不需用上問事人的生辰八字，避免因時辰失誤，帶來的失準判斷。

　　近年，筆者不斷將克應與卦象互參，並將爻辰的定義及其覆蓋範圍更新，期望令易卦卦象，能配合時代步伐，令推斷更為仔細。此外，筆者重新將象數易的資料整理，成為一個獨立的推斷系統 - 推斷『五大綱領』。按著五個步驟，便能拆解卦象，判斷吉凶，這是傳統捉用神以外的一種新方法。

　　任何術數，根基最為重要，基礎打得穩，日後在斷卦時，便能作出引伸、借用、互通等概念，才能掌握要點，判斷準確。本人除了出版《象數易》系列叢書外，還開辦象數易相關課程：

初階課程 / 進階課程 / 專題課程 / 函授課程

有興趣的朋友，可電郵至 yuyanclub@gmail.com /
yuyan388@yahoo.com.hk 查詢課程內容及開班時間。

愚人著作一覽：

《象數易》系列：
1. 《象數易入門及推斷技巧》
   《象數易入門及推斷》修訂版
2. 《象數易之姻緣與婚姻》
3. 《象數易六爻透視－職場顯玄機》
4. 《象數易六爻透視－財股兩望》
5. 《象數易六爻透視－病在何方》
6. 《象數易六爻透視－自身揭秘》
7. 《象數易六爻透視－宅運吉凶》

《象數六爻》系列：
《象數易六爻雜談 1－六獸窺探與應用》
《象數易六爻雜談 2－拆解六爻》
《象數易六爻雜談 3－六爻拾零》

《古籍六爻分析》系列：
《增刪卜易之六爻古今分析》

| 西歷: | | | 年 | | | 月 | | | 日 | |
|---|---|---|---|---|---|---|---|---|---|---|
| 陰歷: | | | 年 | | | 月 | | | 日 | |
| 占問: | | | | | | | | | | |
| 得卦: | | | | | | | | | | |
| 卦身: | | | | | | 旬空: | | | | |
| 卦爻 | 六獸 | 六親 | 卦象 | 飛神 | | 伏神 | | 變卦 | 後六親 | |
| 上爻 | | | | | | | | | | |
| | | | | | | | | | | |
| 五爻 | | | | | | | | | | |
| | | | | | | | | | | |
| 四爻 | | | | | | | | | | |
| | | | | | | | | | | |
| 三爻 | | | | | | | | | | |
| | | | | | | | | | | |
| 二爻 | | | | | | | | | | |
| | | | | | | | | | | |
| 初爻 | | | | | | | | | | |
| | | | | | | | | | | |

| 西曆: | | 年 | | 月 | | | 日 | |
|---|---|---|---|---|---|---|---|---|
| 陰曆: | | 年 | | 月 | | | 日 | |
| 占問: | | | | | | | | |
| 得卦: | | | | | | | | |
| 卦身: | | | | 旬空: | | | | |

| 卦爻 | 六獸 | 六親 | 卦象 | 飛神 | | 伏神 | | 變卦 | 後六親 |
|---|---|---|---|---|---|---|---|---|---|
| 上爻 | | | | | | | | | |
| 五爻 | | | | | | | | | |
| 四爻 | | | | | | | | | |
| 三爻 | | | | | | | | | |
| 二爻 | | | | | | | | | |
| 初爻 | | | | | | | | | |

| 書　　　　　名 | 象數易六爻雜談 - 六爻拾零 |
|---|---|
| 作　　　　　者 | 杜志昌 |
| 出　　　　　版 | 超媒體出版有限公司 |
| 地　　　　　址 | 荃灣柴灣角街 34-36 號萬達來工業中心 21 樓 2 室 |
| 出 版 計 劃 查 詢 | (852)3596 4296 |
| 電　　　　　郵 | info@easy-publish.org |
| 網　　　　　址 | http://www.easy-publish.org |
| 香 港 總 經 銷 | 聯合新零售 ( 香港 ) 有限公司 |
| 出 版 日 期 | 2023 年 10 月 |
| 圖 書 分 類 | 命相風水 |
| 國 際 書 號 | 978-988-8839-32-2 |
| 定　　　　　價 | HK$168 |

Printed and Published in Hong Kong

如發現本書有釘裝錯漏問題，請攜同書刊親臨本公司服務部更換。